月と幸せ

ムーンスペルズ

Diane Ahlquist

MOON SPELLS

How to Use the Phases
of the Moon to Get What You Want

ダイアン・アールクイスト 著　訳：永井二菜

Moon Spells : How to Use the Phases of the Moon to Get What You Want
by Diane Ahlquist
Copyright © 2002 Diane Ahlquist

Published by arrangement with Adams Media, an F+W Media, Inc. Company, 57
Littlefield Street, Avon, MA 02322, USA
through Japan UNI Agency, Inc., Tokyo

献辞

この本を"持っている人"すべてに捧げます。人知を超えた存在を信じる人に、冒険精神あふれる人に、月とそのポジティブなパワーに刺激を受ける人に。あなたは道を求め、道を切り拓く。何歳になってもニューエイジの申し子……あなたこそ、生きる魔法です。

謝辞

　感謝の気持ちを言い尽くせない人は何人もいますが、その筆頭が担当編集者のクレア・ジェルスです。この場を借りて心より御礼申し上げます。また、ローラ・マクローリン、ケイト・マクブライドをはじめとするアダムス・メディアのスタッフのおかげで読者の要望に応える本が完成しました。

　母のローズマリーも恩人の1人です。私を、優秀だけれど変わった（！）子として受け入れてくれました。

　妹のマリーにはリサーチと異次元世界のレクチャーを担当してもらい、甥のダニエル・フレンデンとジョニー・フレンデンには感想を寄せてもらいました。

　エイドリアン・ヴォルニーの理解と優しさに感謝。うちの庭にムーンサークルを常設する必要性を分かってくれました。いつも元気で、笑顔を絶やさない子供たちにもありがとう！

　親友のパティ・ヴォルツは自作の挿絵を惜しげもなく提供してくれました。その天賦の才能を生かして活躍していることをうれしく思います。

ローラ・ネルソン………あなたに初めて会った20数年前、これほどの才人がいるのかと驚きましたが、その思いは今も変わりません。

　そして、次の方々にも感謝を……。

デイブ・スターン………嵐の夜を明るく照らす私の灯台。

デビー・アルバート………どんなときでも私を支え、成功を祈ってくれる友人。

ロジャー・ゴフ………あなたの言葉と見識に今回も助けられました。

キャシー・グリーガー………月のスポークスパーソン、愛すべき魚座。

インガー・スヴェンソン………スウェーデン仕込みのバイタリティと知恵に触発されました。

パット・サミュエルズ………貴重な意見と未知の世界を教えてくれたことに感謝。

ラヘリオ………万事を“サークル”に収めることを思い出させてくれる人。

ジョー・ルボー………人間の姿をした天使。

マイク・シーリー………あなたと話すだけで勇気と自信がわいてきます。

キャロリン・ドラーガン………「あなたのことを、いつも陰ながら想っています。ナマステ」

ブランディ・キューン………バージニア州を照らす太陽。

フランク・スミス………この本の大半はあなたのボートハウスで執筆させていただきました。

ロバート・アーウィン、ブレンダ・ブロック、シャーロット、デズモンド、アンドリュー・キャンベル………本当にお世話になりました。

　そして、紙幅の都合で名前を挙げられなかったクライアントの皆さんと友人に幸あれ。

　最後に、瞑想のなかで毎日私を導いてくださる大主に感謝いたします。

CONTENTS

謝辞 ……………………………………………………… 5

はじめに ………………………………………………… 11

パート1 月まじないの準備 ……… 19

第1章　月相を読む ……………………………………… 21

第2章　月のカレンダー ………………………………… 29

第3章　まじないの場所 ………………………………… 31

第4章　セレモニーの意義と段取り …………………… 39

第5章　魔法陣を描く …………………………………… 45

第6章　チェックリスト ………………………………… 55

第7章　時間を捻出するには …………………………… 57

第8章　課題の克服——天気、スペース、信仰、周囲の理解 … 61

第9章　瞑想の環"ムーンサークル" …………………… 67

パート2 セレモニーの演出 ……… 75

第10章　月まじないの効果を高めるには ……………… 77

　　　　当日の飲食について ……………………………… 77

　　　　装いのポイント ………………………………… 78

　　　　音楽をかける …………………………………… 79

第11章	演出用のアイテム	81
	ロウソク	82
	香とアロマ	84
	パワーストーン——水晶とその他の天然石	86
	天然の聖水"エレメントウォーター"	88
	オプション	91
	オリジナルの祭壇	93

パート3 願いをかなえる 月まじない … 95

第12章	ヒーリング	97
	いつまでも健康でいられるように	98
	怒りをコントロールしたい	102
	依存や執着を断ちたい	106
	恐怖心を取り除くには	112
	タールアッシュ（魂のデトックス）	115
	大切な人の健康と幸せを祈る	120
第13章	ロマンス	125
	永遠の愛をともに誓う	126
	恋人が欲しい	130
	運命の人と出会うには	134
	前世での縁を知りたい	137

| | 円満に別れたい | …………………………… | 142 |
| | 倦怠期を乗り切るには | …………………… | 145 |

第14章　仕事／キャリア …………………………… 151

	起業したい（全3回）	……………………	152
	就活がうまくいくように	…………………	156
	リストラに遭ったら	……………………	159
	昇進、昇給を願って	……………………	163

第15章　女性向けのまじない ………………… 167

	子どもが欲しい	……………………	168
	安産祈願	…………………………………	172
	人生を愛で満たすには	…………………	175

第16章　男性向けのまじない ………………… 179

| | 良き父親になるために | ………………… | 180 |
| | 心豊かに生きる | …………………… | 184 |

第17章　天界との交信 ………………………… 189

	私は何のために生まれてきたの？	……………	190
	天のメッセージを聞きたい	………………	194
	満月の夜のスペシャルセレモニー	…………	198

第18章　エトセトラ ………………………………… 203

	話し合いをスムーズに進めたい	……………	204
	誕生日にまじなう3つの願い	……………	209
	呪縛のまじない	……………………	214
	霊感、直感を磨きたい	…………………	219

ペンデュラムのセッション	225
裕福になりたい	233
旅の安全を祈る	236
万能の月まじない	241
白光の魔よけ	244

パート4 未来を照らすスポットライト ……… 249

第19章	十二支占い	251
第20章	数秘術	259
第21章	西洋占星術	269

| おわりに | 275 |

はじめに

　私のファーストネームは月の女神ダイアナにちなんでつけられました。それなのに、幼いころはほかの子供と同じように、この地球にもっとも近い星に、とりたてて関心を向けることはありませんでした。ところが10年ほど前、警察署に勤める友人から「満月とその前後の晩は、緊急通報が増える」と聞いたのです。それをきっかけに"月は、私自身にはどんな影響をもたらすのだろう"と考えるようになりました。

　ずっと日記をつけていたので、ある日思い切って、古い日記を読み返してみました。すると驚いたことに、私の身に起きた出来事と月の満ち欠けには深いつながりがあったのです。"うまくいった"計画や恋愛は新月の日に始まっていました。悪いことが起きたのは、ほとんどが満月の日。上弦の月が出るころはダイエットは思うようにいかない……けれども仕事は好調でした。

　離婚話が出たのは下弦の時期（結局、円満に解決しました）。いつも以上に予感が的中するのは満月の日。モチベーションが下がるのは晦（つごもり）という具合です。すっかり夢中になった私は、この新しい発見を自分の人生に生かすべく、研究と試行錯誤を重ねました。その生かし方と手法が分かると、次は当然ながら、人の役にも立てたいと考えたのです。

　今では"直感による鑑定"を始めて20年以上になります。その間、たびたび月相を参考にしながら、クライアントの皆さんにアドバイスをしてきました。その一環として伝授したのがセレモニーの営み方。人に迷惑をかけずに善願をかなえるためのハウツーです。そう

11

したセレモニーに名称をつけたことはないのですが、しいて言うなら、まじない……月まじないでしょうか。

何やら怪しげで信じられませんか？

では、あるクライアントとその弟さんにまつわるエピソードを披露させてください。私はある晩、この2人と食事を共にしました。弟さんは終始、自分の身の上を嘆いてばかりいました。現状に不満があるのは明らかで、特に就職先が決まらないことにいら立っている様子です。

私は、面接を受けた日にどんな月が出ていたのか彼に尋ねました。

彼は目を丸くして、「月を眺めたって仕事にありつけるわけじゃない」と不満げに言いました。私はニッコリしながら「今、手帳を持っていますよね？　試しに、この3カ月間の面接日をチェックしてみませんか」ともちかけると、彼はしぶしぶ承知しました。

案の定、彼が面接を受けた日はことごとく下弦の月が出ていました。この月相は断捨離に適していますが、新しいことを始めるのには向きません。そう説明すると、彼はまだ半信半疑で無関心の様子です。

そして、次の面接が今週にあると言い出したのです。ところがその週の月相もまた下弦。私は、できれば上弦（就職には最適の月相）になるまで面接を延期してもらうようにアドバイスしました。

彼は、お姉さんの強い勧めもあって、私の助言を聞き入れました。そして新たに設定した面接日の前日に（やはりお姉さんの後押しもあって）3人でグループセレモニーを営みました（就職祈願の月まじないは14章で紹介します）。

その翌日、彼は面接にのぞみましたが、結果は不採用。そして自宅に戻るやいなや私に電話をかけてきて、なかば勝ち誇ったように

「インチキ（と同じ意味の表現）じゃないか！」と言ったのです。「月もまじないも当てにはならない」と。

ところが翌朝、彼のもとに前日の面接官から連絡がきました。「別の部署に、もっと待遇のいいポストがありますが、いかがですか」と打診されたのです。彼はその話を受け、めでたく就職したのですが……グループセレモニーが功を奏した可能性については認めようとしません。

それなのに「実は2年以上も彼女ができない」と唐突に告白するではありませんか。ひょっとして、月の力を借りたいと遠まわしに言っているのでは？　月まじないをインチキ呼ばわりした"ミスター半信半疑"が……?!　私は快く縁結びのまじないを教えました。彼は試してみると言うものの、あくまで「月まじないがインチキであることを証明するため」と強調します。

彼は新月（ロマンチックな出会いに最適な月相）を待って、1人でまじないを行いました。

その翌日、私の留守電にまたもや皮肉なメッセージが入っていました。「1日たっても出会いはない。やっぱり月まじないは時間と労力の無駄だ」。私は電話を折り返し、効果が1日で表れることはほとんどないと説明しました。本人が2年がかりで頑張っても出なかった結果ですから、もう2～3日は待ってもらう必要があると思ったのです。実際には2週間かかりましたが……。

"ミスター半信半疑"はガレージセールである女性と知り合い、晴れてゴールインしました。聞くところによると、結婚生活は順調のようです。しかも、新居選びや子作りに効く月まじないを私に習いたいと言っているとか！

あなたが手にしているこの本でも、月まじないやセレモニーのハ

ウツーを紹介していきます。どのまじないも"ミスター半信半疑"の祈願成就に役立ったものと同様に、簡単に実践できます。月まじないのセレモニーに、5つの基本的な月相（新月、上弦、満月、下弦、晦^{つごもり}）のパワーを加えれば、人生の課題をクリアする一助になるでしょう。

　昔の人は月のパワーを尊重してきました。月相を見て作付けし、儀式のたびに月に感謝を捧げ、大事な祝祭日を月とともに祝ったのです。

　現代では月のパワーの実用性（潮の満ち引きや女性の月経周期への影響など）がクローズアップされますが、夜空に浮かぶ満月の神秘的な美しさは今も私たちを魅了してやみません。

　最近では月相をテーマにした出版物を見かけるようになりました。ですが、占星術に精通していないと、読みこなすのはむずかしいと思います。私も占星術には興味津々で、その奥深さには感心します。しかし、誰もがその研究や実践に時間をかけられるわけではありません。

　本書では星回りの知識に頼らず、基本の月相とその生かし方にだけ焦点を絞りました。月まじないを実践すると、心身がリラックスし、人生の課題がはっきり見えると同時に潜在意識に分け入ることができます。潜在意識にアクセスすることで生きるヒントが見つかり、いわゆる"神通力"が身につくでしょう。

　まだ半信半疑ですか？

　"ものは試し"といいます。本書の月まじないは試す価値が充分にあります。人生が変わるかもしれませんし、少なくとも美しい月を眺めるきっかけになるでしょう。

本書を役立てるには

　月まじないを始める前に、まずはパート1を読んでください。いつ、どこで、どのようにまじなえばよいのか、ざっと予習できます。10章にも目を通しましょう。心身をリラックスして潜在意識にアクセスするヒントが書かれています。

　魔法陣やムーンサークルのデザインは、ほかに参加者がいるかいないかによって変わります。グループセレモニーを予定しているなら、5章と9章は特に重要。最後までしっかり読み、段取りを頭に入れてください。セレモニーの進行役を務めるのですから、きちんと手順を押さえておかないと、陣のパワーは低下し、気は乱れ、メンバーの信頼を失ってしまいます。

　続いて、目次の中から試してみたい月まじないを探してみましょう。必要なアイテム、魔法陣の形、最適な月相などを項目ごとに解説しています。

　月まじないの文言に違和感を覚えたときは、それが単語であれ、フレーズであれ、自分が言いやすいようにアレンジしてかまいません。

　2章の"月のカレンダー"は満月から始まる月の満ち欠けをイラストにしたものです。いつの時代でも使えるように、スタンダードな月齢を採用しました。満月を起点とした月相の変化に、日々注目しましょう。

　セレモニーに使うロウソクの色やパワーストーンの種類など細かい部分まで覚える必要はありません。そのために、この本があるのです。何度でもページをめくって確認してください。お気に入りのまじないの手順も暗記するには及びません。本書を持ち歩くのが面倒なら、目当てのページだけをコピーして携帯するとよいでしょう。

何よりも大切なのは、一つひとつのプロセスに時間をかけ、決して焦らないことです。

　本書は特定の信仰を勧めてはいませんし、呪術に関する詳しい知識も必要としません。宗教宗派に関係なく、魂の次元でアプローチすることを身上にしています。必要なのは神、天のパワー、自然界の法則を信じる心だけ。本書で紹介する月まじないのセレモニーには、さまざまな宗教の教えや伝統儀式が入り混じっています。重層信仰を快く思わない人もいますが、異なる信教の波動を組み合わせると、絶大な相乗効果が生まれることを知りました。現に、あなたが手にしているこの本も、その成果です！

　月の儀式やパワーをテーマにした類書は2種類に大別できます。ひとつは占星術に基づくもの、もうひとつは魔女宗の異名をとる"ウィッカ"の実践者が書いたものです。

　星回りを月の満ち欠けに応用するには占星術に精通し、その法則に従うことが求められます。そうした書籍はたいてい2部構成になっていて、前半が占星術、後半が月をテーマにしています。

　ペイガン（キリスト教以前の多神教）やウィッカの信仰対象として月を扱う書籍も構成が分かれ、2つのテーマを別々に扱わざるを得ないようです。ウィッカの信仰が間違いと言っているわけではありません。そのスピリチュアルな原点、自然崇拝、教義はすべて正当だと思います。この本はウィッカの信仰に似通ったところがあるかもしれませんが、ウィッカの書ではありませんし、魔術の本とも違います。本書では"まじない"という表現を使っていますが、そこに他意はありません。ただ単純に天や神に祈願することを分かりやすく、そう呼んでいるだけです。本書で言う"まじない"は、"月の儀式""月の祭典""月の神事"と言い換えてもいいでしょう。

はじめに

　多くの宗教にはそれぞれ決まった儀式があり、ロウソク、香、偶像、聖水などの祭具を用います。教団によってはテーマカラーも重視されます。本書の"まじない"は自宅の祭壇に向かって手を合わせるのとほとんど変わりません。ロウソクを灯し、聖水を供え、祈りを捧げるのですから。

　私はどんな信仰も否定しません。人知を超えた存在を信じる人、相手の立場を尊重する人、地球を敬う人、他人を傷つけない人——その人たちはすべて神の御心にかなっていると思うのです。人類の共存や他者への思いやりは宗教の共通テーマではないでしょうか。少なくとも共通の思想ではあるはずです。

　月まじないを実践することは、私の持論ですが、宗教や信仰に背くものではありません。月まじないのセレモニーは気、波動、自然のエレメントを活用して潜在意識に分け入ること。すなわち、自分が信じる創造主に導きを乞うことにほかなりません。

　本書を読めば、誰でもすぐに月のパワーにアクセスし、その力を強さと成長の糧にして、前向きな生き方を実現できます。本書の特徴は多くの人がなじんできた月の満ち欠けに着目した点。そこがほかの類書とは違うところです。本書で使う月相は新月、上弦、満月、下弦、晦（つごもり）の5パターン。月相の詳しい説明は1章に記しました。

17

月まじないの準備

Preparing for Your Spell

Introduction

　月まじないのセレモニーには計画、準備、段取りが欠かせません。その3つが揃ってこそ、願いは届くのです。行き届いたセレモニーは成功するセレモニー。自然のエレメント、日取り、陣形を味方にすることで、天界のパワーとシンクロ（同調）できます。心得のある呪術師は条件が整うのを待ち、波の動きにも似た自然の気の流れに逆らうことはありません。自然のペースに合わせて準備を進めていくと、一つひとつのプロセスの神秘や不思議を体験できるでしょう。周到に準備をすれば、そのぶん成果となって報われます。

第1章　月相を読む

　月まじないの日取りは月相を見て決めます。まじなうテーマに合った月相が表れるまで、気長に待つことが大切です。そうでないと、思うような成果は出ないかもしれません。
　この章では、どの月相がどのテーマに適しているか簡単にまとめました。月相に関する解説も記しましたから、月相とテーマの相性をどう判断したのか分かってもらえると思います。この知識はオリジナルのまじないを考案するときにも参考になるでしょう。

☼ 月相

<新月>

　　三日月とも称されます。夜空に浮かぶ一筋の光のような最初の月相です。新月は新しいスタート、新しい挑戦、新しい出会いを促しますから、心機一転、キャリアの変更、"可能性の種"をまくのに適しています。

<上弦>

　　上弦の月は満月に向けて日増しに大きくなり、力を蓄えているかのようです。知識や貯金、友達など、何かを増やしたいときに適した月相です。妊娠を考えたり、公私の人脈を広げたいときにも向いています。蓄財を望むなら、法律問題にも対処しましょう。上弦はヒーリングにも効果的です。

<満月>

　　月が神々しい全貌を表す満月は最強の月相です。達成力、行動力、サイキックパワーがさえわたる日ですから、アイデアを形にする、"勝負"に出る、祝い事をする、人間関係や目標を見直すのに絶好のチャンス。あらゆるテーマに適した万能の月相です。

第 1 章　月相を読む

<下弦>

　下弦の月は晦に向かって徐々に細くなります。この月相は、いわゆる断捨離に向きます。ダイエットを始める、依存を断つ、縁を切る、法律問題を解決するのに理想的です。

<晦 つごもり>

　月がこもって見えない状態を指します。晦と新月は同じ月相とされることがありますが、本書では分けて考えることにします。一般的なカレンダーには晦を示す黒丸が一箇所にだけ付いています。しかし、実際に晦が見られるのは黒丸のついた日とその前後を合わせた3日間。この期間は人生の不要品を処分し、過去と未来に思いを馳せるとき。自分の時間をつくる、あるいは俗世を離れて1人"こもる"のにも適した月相です。

23

✵　月の名称

　満月が訪れるのは1カ月に1度。2度訪れる場合を“ブルームーン”といいます。ブルームーンは年に1度巡ってきます。昔の人は暦の12カ月に、月にちなんだ呼び名を付けました。

　地域によって呼び名が変わるのは、月の意味合いが土地ごとに違うから。常識で分かる名称もあれば、由来を知らないと意味の分からないものもあります。

※英語の呼称を日本語に訳しました。

＜1月＞

　通称……狼月（Wolf Moon）

　異称……処女月（Chaste Moon）

　★──年初にあたる1月は浄化と刷新の月。心機一転、フレッシュなスタートを切るときです。

＜2月＞

　通称……氷月（Ice Moon）

　異称……飢餓月（Hunger Moon）

　★──冬場の食糧が底をつくころ。春を待ちわびるのは飢えた胃袋と心です。

＜3月＞

　通称……嵐月（Storm Moon）

　異称……啓蟄月（Worm Moon）

　★──雪が解けると、生物の営みが活発になります。湿った

第 1 章　月相を読む

　　　地中にこもっていた虫たちも、月明かりの下で地上に出
　　てきます。

＜4月＞
　　通称……育月（Growing Moon）
　　異称……紅月（Pink Moon）
　　　★──春の到来で、野原一面がピンクのつぼみと若草に覆わ
　　　れます。

＜5月＞
　　通称……兎月（Hare Moon）
　　異称……乳月（Milk Moon）
　　　★──野生でも家畜でも、動物の誕生に母乳はつきもの。そ
　　　れは命の糧であり、人獣にとって最初のごちそうです。

＜6月＞
　　通称……蜂蜜酒月（Mead Moon）
　　異称……対月（Dyad Moon）
　　　★──双子座の月にあたる6月は双子を祝福し、男女の神が
　　　成婚して一対になったことを記念します。

＜7月＞
　　通称……干草月（Hay Moon）
　　異称……ワート月（Wort Moon）
　　　★──かつてワート（Wort）は薬草の代名詞でした。この月
　　　に薬草を収穫し、補充し、天日に干して長い冬に備えた

25

のです。

＜８月＞

通称……穀物月（Corn Moon）

異称……争い月（Dispute Moon）

★──母なる大地が生んだ豊かな穀物のおかげで人々は腹を満たし、この状態が続くことを望むようになりました。争いをやめ、恨みを忘れて、平和な冬の訪れを待ったのです。

＜９月＞

通称……収穫月（Harvest Moon）

異称……蔓月（Vine Moon）

★──ケルト文化では"士気高揚"の月。作物の収穫、ワインの醸造、未来の予見に追い込みをかける月間です。

＜10月＞

通称……血月（Blood Moon＝狩猟月間）

異称……落月（Shedding Moon）

★──10月は鹿が角を落とし、発情期に入ります。それは命を授かり、死の冬をしのごうという執念かもしれません。

＜11月＞

通称……雪月（Snow Moon）

異称……樹月（Tree Moon）

★──ケルト暦の11月は葦の月とニワトコの月が重なります。

葦は沈黙、内省、したたかさの象徴。ニワトコは終焉を
意味し、年末にかけて短くなる日照時間を象徴します。

＜12月＞

通称……寒月（Cold Moon）

異称……樫月（Oak Moon）

★──"古代の神木"とされた樫は屈強な木。厳しい冬を越え、
新しい年を迎えます。樫は暗い地中に根を下ろし、天空
に向かって枝を伸ばすことから、暗い旧年と明るい新年、
下界と天界の橋渡し役と解釈できます。

✿ 曜日

　七曜日も月まじないに影響する要素です。月相ほど重要ではあり
ませんが、まじなうテーマに合った月相と曜日を組み合わせると相
乗効果が生まれます。例えば、セックスアピールを身につけたいな
ら、新月、満月、上弦の金曜日がベスト。ですが、目当ての月相が
金曜日にあたらなくても気にすることはありません。予定通りにセ
レモニーを営んでください。曜日を加味することはシチューの仕上
げに塩をひとつまみ入れるようなもの。風味はいくらか良くなるか
もしれませんが、大勢に影響はありません。月相と曜日を合わせる
ために何カ月も待つのはナンセンス。ほかの条件は揃っているのに
曜日だけが希望に沿わなくても、まじなう目的があります。

　月まじないをする日はいつでも吉日なのです。

＜テーマと曜日＞

曜日	支配星	最適なテーマ
月曜	月	予知　霊視　パワーの覚醒　発想力　天界との交信　ヒーリング
火曜	火星	恋愛　守護　心身の強化　自信
水曜	水星	仕事　キャリア　知的探求　旅の計画　研究
木曜	木星	金銭問題　法律問題　スピリチュアル関連　事態の進展
金曜	金星	セックスアピール　人間関係全般　和解　イメージチェンジ　身のまわりの美化
土曜	土星	家庭問題　内観　将来設計　士気　ダイエット　（縁切りなどの）断捨離全般　悪習慣を断つ
日曜	太陽	心霊体を癒す　管理　意思決定　問題解決　神通力　奇跡　特別な縁

第2章　月のカレンダー

　月のサイクルは約29.5日。満月から次の満月までを1周期とします。月の満ち欠けをイメージしやすいように月相をカレンダーにしました。月齢29.5は単純に30と考えることにします。

A Lunar Month

満月						
満月						

第3章　まじないの場所

　場所の選定は大切ですが、何よりも実用性を優先して決めなくてはいけません。何ごとにも賛否両論はつきもので、まじなう場所も例外ではありません。「月まじないは屋外にかぎる」という意見もあります。しかしロサンゼルス、デトロイト、アトランタ、ニューヨークといった都心に住む人には、賢い選択とはいえません。私たちは高層マンションが立ち並ぶ21世紀に暮らしています。車の往来や道路工事の騒音が響くこともあります。今が中世だったら、救急車や飛行機や電車や車のクラクションは問題にならないでしょう。です

から先人の時代ではなく、現代の事情を考える必要があります。

　周囲の状況を踏まえたうえで、自分にはどんな選択肢があるのか検討してください。

✪　室内

　月まじないのセレモニーを営むなら、室内のほうが便利です。ロウソクの火が風に消されることもありませんし、音楽プレイヤーの電源やプライバシーも確保できて、しかも安全です。

　月のパワーと交信するのですから、できるだけ月の見えるスポットを見つけてください。でも、それ以上に大切なのは居心地です。月が見えても、リラックスできない部屋は避けましょう。

　日中や窓のない（空が見えない）部屋でまじなう場合は、月に代わるものを用意します。月のイラスト（自分で気軽に描いてみましょう）など、月を象徴するものなら何でもかまいません。

　園芸用品の店では月をかたどった素焼きのオーナメントが手に入りますし、手近にある厚紙を切り抜いて月のオーナメントを手作りしてもいいでしょう。月の形のペンダントやバッジも使えます。ここでも工夫をこらしましょう。自分にとって月を連想させるものこそ、自分にとってベストな代用品です。

　プライバシーは必ず確保してください。セレモニーの参加者以外は出入り禁止にしましょう。家族が多く、1人きりになれる場所が確保できないときはトイレがあります。冗談のように聞こえるかもしれませんが、私自身も月まじないに無関心な友達とホテルに泊まったときは、トイレにこもってまじないました。

☼ 屋外

　自然のなかでセレモニーを営むのは最高の気分です。しかしプライバシーを確保できるだけの広大な土地に恵まれている人は、まずいないでしょう。公園の片隅やベンチでは、通行人や見物人が寄ってくるかもしれません。

　庭先でもけっこうですが、隣人の物音や犬の鳴き声が気になったり、宅配便がいつ来るのか分からないようではいけません。できるだけ人の注目を集めないように努めてください。人目を避けるほうが月まじないの効果は上がります。

　自宅が高いフェンスや空き地に囲まれているなら、せっかくですから、外に出てまじなってみましょう。

　いずれにしても、安心してまじなえる環境が必要です。夜空の下で"誰かに見られたらどうしよう"とハラハラしながらまじなっても意味がありません。月まじないがストレスになっては本末転倒です。

　一般的に、屋外はグループセレモニーに向いています。両方の長所と短所を考えたうえで、どちらにするか決めましょう。私は室内でも屋外でもセレモニーを営みましたが、効果に差はありませんでした。とはいえ、チャンスがあったら、ぜひ自然のなかで月まじないを実践してみてください。貴重な経験になります。

☼ 樹木のパワーにあやかる

　豊かな緑が身近にある人は、立ち木の下や周囲を利用してみましょう。単純に"気に入った"木のそばでまじなうのもいいですし、

特定の効果が期待できる木を選んでもよいでしょう。私は自宅の庭のオレンジの木をたびたび利用します。

　世界各地の伝承文化によると、樹木は人を癒し、人の邪気を吸収するそうです。だから森や公園の中を歩くだけで心が落ち着くのかもしれません。

　木の近くでまじなうときは、その木が発するパワーを全身でじっくり感じとり、パワーを送ってくれる木に感謝しましょう。アメリカ先住民などは樹木を精霊の化身と考えます。

　驚くかもしれませんが、木に抱きつきたくなる心理はさほど不思議な現象ではありません。一部の樹木が宿すエネルギーは、人間にとって必要な英気——つまり人体に不足しているエネルギーなのです。それゆえに私たちは樹木のエネルギーを補給したくなるのでしょう。私たちが心引かれる木はそうした英気を宿していることが多く、自らを消耗させることなく人を元気にしてくれます。

　例えば、仕事や長旅で疲れたときや、良縁に恵まれないなどの理由で恋心を失いかけたときは、樫の木をハグしてみましょう。樫には媚薬のような効能があるとか！

　"ものは試し"です。

　次に、主な樹木の意味合い、効能、本質を簡単に紹介しましょう。

　トネリコ…………平和　守護　繁栄　強壮
　カバノキ…………新たなスタート　傷や火傷を癒す
　ヒマラヤ杉………勇気　長寿　富　自尊心　浄化
　ココヤシ…………純真　名誉　リラックス効果
　ヒノキ……………前世　安らぎ　守護　喪失感を和らげる
　ニワトコ…………成長　変化　自信　安眠効果

ニレ……………守護　瞑想　誹謗中傷を止める

ユーカリ………守護　月との縁　治癒

リラ……………チャクラの活性化　腰痛の緩和

菩提樹…………予言　進歩　浄化

モクレン………貞操　変化　リラックス効果　鎮静作用

かえで…………長寿　愛　金銭

マートル（銀梅花）……豊穣　バランス　若さ　豊かさ

樫………………性欲増強　幸運　したたかさ

桃………………清澄　スタミナ　自信　ストレス軽減

ペカン…………キャリア　就職　金銭　節制

松………………繁栄　浄化　健康　魔よけ

梅………………愛　ヒーリング　自信

ポプラ…………幽体離脱　知恵　心の癒し　再起

くるみ…………憂鬱　ヒーリング　不妊症の改善

柳………………祈願成就　魅惑　守護　健康回復

　樹木のパワーはまじないに関係なく発揮され、心霊体をリフレッシュしたいときは、いつでも恩恵に浴すことができます。その木ならではの英気にあやかり、邪気を吸収してもらうのですから、感謝を込めて樹木に黙礼してください。樹木は人の邪気を吸収しても影響を受けません。取り込んだ邪気を一瞬にして払い、自らを浄化できるのです。

✪　方位

　月まじないのセレモニーに欠かせない自然の要素といえば、方位

です。東西南北の四方位はセレモニーを営むうえで非常に重要なポイント。しかるべき方位に体を向けることで、月が発するパワーを最大限に活用できます。方位のパワーも自然の恵みですが、それに気づく人はほとんどいません。

　四方位のパワーを4種類の風と考えてください。この風は東西南北から"呼び込む"ことも可能。つまりある方位に体を向けるだけでなく、その方位がもつパワーを強力な風として全身に受けるのです。方位のパワーはあえて呼び込まなければ、穏やかな風となって流れてきますし、そのほうがいい場合も少なくありません。特定の方位に向くだけでいいのか、風として呼び込んだほうがいいのか——それはまじなうテーマによります。例えるなら、扇風機の風量を切り替えるようなもの。風が来る方向は決まっているけれど、風の強弱は自分で調整するというイメージです。

　呼び込んだ風を"体感"できることはほとんどありません。しかし見えない風は私たちのもとに確実に届き、人知を超える作用をもたらします。風にも神通力があるのです！

　パート3では各まじないに最適な方位を示しました。またその方位から風を呼び込む必要がある場合は、"文言"のなかに含めました。

　次に各方位の特徴を説明します。一般的な知識としても、オリジナルの月まじないを考案するときにも役に立つでしょう。

第3章　まじないの場所

北（NORTH）……土のエレメントに関連する方位
　★北に適したテーマ──健康問題、ヒーリング、精神世界、サイキックパワーの覚醒と向上、占術、霊界との交信、天の啓示。四方位のなかで最強の方位です。

南（SOUTH）……火のエレメントに関連する方位
　★南に適したテーマ──愛情、人間関係全般、創作活動、恋愛や感情に関する問題。

東（EAST）……風のエレメントに関連する方位
　　★東に適したテーマ──仕事、精神力、真実の解明、起業、
　　　金銭、一段の努力を要する目標、心の癒し、新しいスター
　　　ト。

西（WEST）……水のエレメントに関連する方位
　　★西に適したテーマ──断捨離、前進、自尊心、自他に対す
　　　る許容、浄化、無償の愛。

　　注：方位に迷ったときは北を向いてください。北は万物のいしずえです。

　ある方位に向くと月が見えなくなるかもしれませんが、心配はい
りません。月のパワーは全方向から入ってきます。月と対面するの
ではなく、本書が指示する方位に体を向けてください。夜空から降
り注ぐ月のパワーを感じとることができれば、それで十分です。
　月が（ほぼ）真上にあるときは、いい機会ですから、外に出てま
じないましょう。その晩はどこからでも月が拝めます。
　もうひとつ、私がよく使う手法を紹介しましょう。室内でまじな
う前に、部屋のドアや窓から顔を出し、夜空を見上げて月とつながっ
ていることを確認するのです。これで安心です。月のパワーはビル、
山、雲、雨、雪、十階の部屋を通過して、私たちのもとにしっかり
届きますから。

第4章　セレモニーの意義と段取り

　月まじないを実践することはセレモニーを営むこと。では、願いをかなえ、思いどおりに生きるためには、月まじないのセレモニーが欠かせないのでしょうか。そんなことはありません。揺るぎない信念と強い意志の持ち主であれば、その気になるだけで望みを手にすることができるでしょう。月まじないのセレモニーに伴うアイテムや諸々の準備も必要ありません。
　だったら、どうして月まじないをするのか。理由はいろいろあります。まじないは潜在意識に作用します。セレモニーを営むこと、

それ自体が精神状態を徐々に変化させ、祈願に専念する環境を整えます。それによって目的意識やモチベーションが高まるのです。

月まじないのセレモニーは、ロウソクや香などの必要なアイテムを揃えることから始まります。アイテムや演出用の小道具は一種のシンボルです。このシンボルを通じて潜在意識を呼び覚まし、現実の世界から神秘の世界にトランスできます。私はセレモニー用のナイフ（ウィッカでいう "アサメイ"）を手にした途端、神秘の世界に足を踏み入れた気分になります。ロウソクを並べていると、その場の空気が変わっていくのが分かります。こうした感覚や心境の変化には、最後まで敏感になってください。セレモニーの段取りには一つひとつに意味がありますから、神聖な空間をつくっているという自覚が必要です。

魔法陣を描く段階になると、さらに神秘の世界に奥深く進んでいけます。ひとつのプロセスを経るたびに奥へ奥へと進み、日常の世界は遠のいていきます。そして祈りを唱えるころには "パワー全開" の状態に……。体の芯からエネルギーが湧き上がり、祈ることだけに集中できるのです。

自宅のソファに座りながら "ああ、あの仕事に就けたらいいな" とただ焦がれるよりも、希望の職に就けるようにまじなうほうが、はるかに建設的。実際に祈りを天まで届けるのですから、前向きな気を発動させることになるのです。

また月まじないのセレモニーは、くよくよ悩む代わりに体を動かす口実を与えてくれます。それを証明してくれたのが、ノースカロライナ州アッシュビルに住む知り合いの女性です。彼女は「ダメもと」のつもりで銀行にローンを申請しました。その日は金曜日だったので、銀行から返事が来るのは週明けの月曜日になります。彼女

40

は金曜の晩に私に電話をかけてきて、「何だか落ち着かないの。1日中食べてばかり。神経がまいりそう」と訴えました。そこで私は、ある月まじないを教えました。彼女は土曜日に1日がかりで必要なアイテムを揃え、日曜日の午後に月まじないを実践。気がつくと、週末は終わっていました。

　それでも彼女には、ただ悶々とするよりは少しでも良い結果につながることをしているという実感がありました。月まじないを心から信じていたわけではありません。しかし、ほかに何も手につかなかったので、試す価値はあったと言います。それだけでもセレモニーを営む意義がありました。

　そして週明けの午後、銀行から回答があり、ローンの審査に通ったのです。ただし特例として認められたとのこと。月まじないが効いたのか、まじなわなくても同じ結果になったのか。いずれにせよ「セレモニーをやって損はなかった」と彼女は言いました。不安に負けてあきらめてしまえば、現実もそのとおりになるでしょう。彼女は不安に費やすエネルギーを、願いをかなえる力に変えたのです。

　月まじないを趣味にする人もいます。グループで営むセレモニーは仲間を集め、親睦をはかり、創意を発揮する絶好の機会。グループセレモニーは絆を深めます。私自身は月まじないのセレモニーをかなり真剣にとらえていて、趣味の域を超えて実践していますが、回数はさほど多くありません。月まじないは本当に必要なときにだけ実践するべきだと思います。

　ただいたずらにまじなうことは慎みましょう。真剣に取り組むつもりなら、テーマと目的を絞ってください。

　すでに説明したとおり、月まじないのセレモニーはタイミングを計ることが何よりも重要。余裕をもって準備を進めることが効果を

上げる秘訣です。

【当日までにやること】

・どの月まじないを実践するか選ぶ。オリジナルのまじないに決めたら、早めに創作にかかる。後日、変更したい箇所が出てくるかもしれないので。

・セレモニーに必要なアイテムや小道具がすべて揃ったかどうか点検する。開始1時間前になって、慌てて買いに走ることがないように。当日はできるだけリラックスしたい。

・魔法陣を描く場所を決める。

・当日の装いを選ぶ。選んだ服の汚れなどをチェックし、すぐに着られる状態にしておく。

・当日はほかの予定を入れないようにする。時間に急かされるのは禁物。

・自宅でまじなう場合は、あらかじめ掃除や片づけを済ませておく。

【当日の基本的な流れ】

1. 途中で邪魔が入らないように、スマートフォンや携帯電話の電源をオフにする。

2. 騒がしいペットを別室に入れる。

3. 子供を預けることになっている場合は預けに行く。ほかの家族にもセレモニーの間は邪魔をしないように伝える。セレモニーの所要時間は30分以上と考える。

4. 入浴かシャワーを済ませる。

5. 用意したアイテムや演出用の小道具を持って、まじなう場所

に移動。唱える文言を書いたメモも忘れずに。

6. 音楽を聴きたい場合は準備をしながら聴く。

7. 家具を移動し、セレモニーのスペースを確保する。

8. そのスペースにアイテムや小道具を置く。

9. 本書の指示に従って魔法陣を描き、ロウソクやパワーストーンを配置する。

10. リラックスして"白光のバリア"をまとう（詳しくは次章を参照）。明るい光が全身を包み込む光景をイメージ。魔法陣に加えて、この光のバリアも邪気から身を守ってくれる。

11. 魔法陣に着座し雑念を払ったら、いよいよスタート。その前にしばらく音楽を聴いたり、静かに瞑想したりしてもよい。

このあとのまじないの手順はパート３に記します。まじないによってはメモを取ることもあれば、ゴブレットからワインや果汁を飲むこともあります。

12. セレモニーが済んだら、心ゆくまで余韻に浸る。そのあとロウソクの火を消し、魔法陣を解き（解き方は次章を参照）、退席する。

13. 使用したアイテムや小道具を片付け、きちんと保管する。

第5章　魔法陣を描く

　魔法陣と名のつくものは祈念を集約し、安定させます。
　魔法陣は念のパワーを束ねてくれるのです。多くの人が円形の陣を選ぶのは、始まりも終わりもない形だけに効力が抜群だから。円そのものがまさしく一丸です。
　しかし私の経験上、円の内側に三角形や正方形を組み合わせた魔法陣も、円形だけの陣と同様に、祈念をまとめる力があります。そこで月まじないのセレモニーには、この3パターンの陣形を使い分けることをお勧めします。円以外の図形に抵抗があるなら、円陣だ

けを使ってもけっこうです。ただし、三角形や正方形の陣は単体では使わないこと。必ず円陣の内側に描いてください。

　繰り返しますが、魔法陣の選択も個人の自由です。納得のいかないことを無理に行う必要はありません。どの陣形を選んでいいのか分からない人は、すべてのパターンを試したうえで、相性のよい陣を選んでください。内なる声に耳を傾け、その導きに従えばよいのです。

　パート3では各まじないに適した魔法陣を紹介していますが、変更してもかまいません。まじなうのは自分ですから、自分の心に素直に従うのがいちばんです。

✳ 有形の魔法陣

　魔法陣は自分1人、あるいは参加者全員が座れるだけのスペースを円形、三角形、正方形の枠で囲めば完成です。アイテムを使えば目に見える魔法陣になります。形あるもので輪郭を描きたい人もいるでしょう。例えば塩は、保存、浄化、改善のシンボルですから、魔法陣を囲むアイテムとしてぴったりです。小石、貝殻、枝、花、砂といった自然の恵みを利用するのもグッドアイデア。タロットカード、水晶、ロウソクで囲んだ陣も見たことがあります。室内に描く場合は、床やカーペットを汚すものは避けたほうがいいでしょう。屋外に描くなら、風に飛ばされないアイテムが役立ちます。私は自宅の"瞑想の庭"にレンガで囲んだサークルを常設しています。その中でひたすら瞑想するのですが、これについては後半で説明しましょう。

✪ 無形の魔法陣

　形のあるものを使わずに魔法陣を描くことも可能です。その場合は陣をイメージし、目に見えないラインでスペースを囲みます。

　無形の陣を描くときは指し棒の代わりになるもの──例えば、杖、細長い水晶、ナイフが必要になります。要するに、架空の鉛筆を持って線を引くのです。ナイフを使う場合は、そのナイフをセレモニー専用とし、モノを切るのに使ってはいけません。刃物に抵抗がある人はナイフは避けましょう。ナイフの切れ味は問題ではありません。イメージを伝える道具になれば、それで十分です。

　私の友達はしゃれたペーパーナイフ（レターオープナー）を愛用しています。そう言うと笑う人がいるかもしれませんが、そのペーパーナイフで実に見事な魔法陣を描くのです。彼女があのナイフを手放すことは、たとえ魔法の杖と交換しようと持ちかけられても、絶対にないでしょう！　細長い水晶も使えますし、木の枝や鉛のパイプ（鉛は伝導体）の先に水晶を取り付け、オリジナルの杖を作るのも一案です。

　気に入ったツールがなければ、腕を伸ばします。人差し指と中指を揃えて無形の陣を描いてください。

　有形無形の魔法陣を組み合わせることもできます。円形の陣をイメージで描き、その内側の三角形や正方形の陣を塩や石で囲んでもよいでしょう。その逆に外側の円をアイテムで囲み、内側の陣をイメージで描いてもかまいません。

　無形の陣を描く方法はいろいろあります。自分の指ではなくツールを使って描く場合は、そのツールを適切な場所に保管してください。使用前にエレメントウォーターを振りかけるか満月の光で浄化

し、パワーをチャージしておきましょう。

❁　白光のバリアと魔法陣

　ツールが決まれば、あとは描くだけです。セレモニーに使用する
アイテムやオーナメントも、手近に用意します。準備を整えレイア
ウトを決めてから描きはじめてください。魔法陣が完成したら、陣
から離れないのがベスト。忘れ物に気づいて取りに行ったりするこ
とがないようにしましょう。椅子に座ってまじなう予定なら、椅子
の用意も忘れずに。セレモニーの道具一式はテーブルの上か魔法陣
を描くスペースに揃えて置いてください。

＜白光のバリア＞
　魔法陣を描く前に、魔よけになる"白い光"をまといましょう。
自分の周囲に光のバリアがあると想定します。この白光は体内に邪
気が侵入するのを防いでくれます。光の雲、光のタワー、光のドー
ムなど、どんな形をイメージしてもかまいません。
　白光のバリアは陣に入る人の全身を保護するものですから、最低
でも魔法陣をカバーするだけの面積が必要です。例えば、２メート
ル四方の正方形の陣を描くつもりなら、白光のバリアも４平方メー
トル以上と想定します。直径３メートルの円陣に５人が入る予定な
ら、全員が直径３メートル以上の光の輪をイメージしてください。
　バリアをまとうには魔法陣を描くスペースに立って目を閉じ、天
から光が降り注ぐ光景を思い描きます。白い光が頭上から足先にか
けて流れ、足先から四方に広がり、魔法陣全体に行き渡るイメージ
です。ほかに参加者がいるときは、全員が同じ要領で白光のバリア

第5章　魔法陣を描く

をイメージしてください。

<魔法陣>

　続いて魔法陣を描きます。立ったまま、まじなう方位に体を向けてください。最初に描くのは円陣ですから、その体勢で時計回りに円を描きます。続いて三角形か正方形の陣を、同じく時計回りに描きます。用意したアイテムを使って、有形または無形の陣を完成させましょう。パーフェクトな形にならなくても気にすることはありません。多少いびつでも大丈夫。グループセレモニーでは担当者か進行役が、1人で描かなくてはいけません。その間、ほかのメンバーは所定の位置に立つか座るかして待機します。魔法陣を描き終えたら、"完了の辞"を唱え、陣に魂を入れます。

　魂を入れるときは大地のエネルギーを天に届けるつもりで両腕を上げ、手のひらを上に向けましょう。

　続いて、こう唱えます。

　　　この円形（三角形、正方形）の魔法陣は有志が見守るなかで完成した
　　　パワーよ、集まれ。パワーよ、昇れ

　短く切り上げたいときは、『パワーよ、昇れ』とだけ唱えてください。

　このあとは全員が陣に着座し、本書の手順に沿ってセレモニーを始めます。

<魔法陣を離れるとき>

　セレモニーの途中で、やむなく魔法陣から出ることになったら、架空の出入口をイメージし、そこから出なくてはいけません。それ

49

は有形の魔法陣でも無形の魔法陣でも同じです。例えば、貝殻で囲んだ魔法陣から出るときは起立して右手の人差し指と中指を揃え、貝殻の枠の上に架空のドアを描きます。自分1人が通れるだけの高さと幅にしてください。

　これで架空のドアができました。貝殻をまたいで、魔法陣の外に出られます。魔法陣の枠は絶対に踏んではいけません。必ずまたいでください。陣の外に出たら、同じ動作を繰り返し、陣を閉じます。陣に戻るときもドアを描いて陣に入り、入ったら同じ要領で陣を閉じます。

　一連の動作は腕をちょっと動かすだけですから、数秒で済みます。

　中座は好ましくありませんが、ハプニングはいつ起きるか分かりません。ロウソクを灯すライターやまじないの文言を書いたメモを忘れることもあります。玄関のチャイムが鳴り、無視するわけにはいかない場合もあるでしょう。ただし10分以上離れると陣は効力を失ってしまうので、描き直してください。自分自身も陣のパワーの一部です。その一部が欠けると魔法陣は長くもちません。陣は効力を失っても害にはならず、暖炉の火が消えていくように自然消滅するだけです。そのときは新しい火を起こしてください。

＜魔法陣を解く＞

　使い終えたものは片づけなくてはいけません。それは魔法陣も同じ。月まじないのセレモニーが終了したら、魔法陣のパワーを解放しましょう。魔法陣を解くには、立ち上がって両手を肩の位置よりもやや高く上げ、手のひらを下に向けます（プールに飛び込むときのポーズに似ています）。続いて、両手をゆっくり押し下げ、陣のパワーが大地に帰っていく様子をイメージします。

最後に『パワーは解き放たれた』と宣言するか、『以上』『終了』といった文言を唱えてください。

❂ 円形の陣

円はもっとも重要な陣形です。だからこそ、ほかの陣形をその内側に描くのです。重要とされる理由は……万能の効力にあります！円形の魔法陣はあらゆる祈願に対応し、見事なまでにかなえてくれます。魔よけとしても優れ、神（神々）、万物の創造主、精霊、天使などと交信する場にもなります。また、まじないとは関係なく、心身のバランスを整え、内なる声や魂のメッセージを受け取るのにも適しています。私は特に目的はなくても、円形の魔法陣を描くことがあります。そこに座ってひたすらリラックスするだけで、念を放つことも受け取ることもしません。交信せずに……ただ"鎮座"するだけです。

注：魔法陣の選択に迷ったら、円形の陣を描いてください。

円形が象徴するもの……完結　万物の生命力　パワー　達成　バランス　感情

★座る位置

単独…………中央に座り、本書が勧める方位かリラックスできる方位に向きます。

グループ……お互いの顔が見えるように、全員が円の中心を向きます。メンバーが2人のときは向かい合い、3人のときは三角形を作る要領で着座。個々の席順は相談して決めましょう。4人以上になったら、東西南北の四方位に1人ずつ、残

りのメンバーは空いているスペースに着座します。誰かに背中を向けることになるので、中心には座らないでください。セレモニーの進行役やリーダーもほかのメンバーに混じって着座します。

✵ 三角形の陣

　ピラミッドの側面は三角、心霊体は人間の三要素。キリスト教の"父、子、聖霊"は三位一体と称されます。昔から月の三相は女神の三相（処女、母、老婆）に見立てられてきました。処女は上弦、母は満月、老婆は下弦にあたります。

　3のパワーは古代から現代に至るまで象徴的に解釈されています。数字の3は増進と豊穣のシンボル。古代ギリシャの数学者ピタゴラスは3を"始まり、中間、終わり"を含んだ「完全数」とたたえました。

　神話の世界には三神と呼ばれる神格のトリオが登場します。

　私たちも日常会話のなかで三語のセットをよく使います。「動物、植物、鉱物」「陸、空、海」「縦、横、斜め」など枚挙にいとまがありません。3という数字は実に神秘的で月まじないでも威力を発揮します。

三角形が象徴するもの……創造性や芸術性の表出　魂　パワーとエネルギー　霊的能力　幽体離脱　占術

★座る位置
　　単独…………三角形の底辺に座り、本書が勧める方位かリラックスできる方位に体を向けます。

グループ……お互いの顔が見えるように、全員が中心を向きます。メンバーが2人のときは左右の底角に座り、頂角を空けます。3人のときは3つの角に着座。4人以上なら、3人が3つの角に、残るメンバーは好きなところに着座します。

✿ 正方形の陣

ビルは四角柱、テーブルの脚は4脚、地図の上には東西南北の四方位。4は安定の象徴です。正方形の魔法陣は円形や三角形のものほど強力ではありません。ところが、仕事やキャリアに関する月まじないには最強の陣形なのです。正方形の魔法陣は用途がはっきりしています。私は"ビジネスライクな魔法陣"と考えています。

それだけに恋愛がテーマのまじないには使ってはいけません！人間関係の安定を願うまじないには問題ないと思いますが、基本的に正方形の陣はビジネス用と考えてください。四角は基礎や土台に適した形でもあります。つまり、マイホームや不動産関係のまじないに理想的。アイデアの基礎を固めて形にしたいときにも好ましい陣形です。

正方形に引かれる人はワーカホリックの傾向があるようです。実利第一で生産性が高く、とても几帳面なタイプが多いのです。ですから、何をやっても中途半端で終わってしまう人、不精なところがある人は正方形のパワーにあやかるといいかもしれません。一生懸命努力しているのに金銭的にも"ツキ"にも恵まれない──そんな人にも、この陣形が適しています。

53

正方（四角）形が象徴するもの………安定　就職　キャリア　ビジ
　　　　　　　　　　　　　　　　　ネス　法律問題　金銭問題
　　　　　　　　　　　　　　　　　組織

★座る位置

　単独の場合…………中央に座り、本書が勧める方位かリラック
　スできる方位に体を向けます。

　グループの場合……お互いの顔が見えるように、全員が中心を
　向きます。メンバーが２人のときは向かい合い、１人は北、
　もう１人は南に向きましょう。３人のときは三角形を作る要
　領で着座。４人の場合は（四隅ではなく）四方位に１人ずつ座
　り、４人以上なら４人が四方位に、残るメンバーは空いたと
　ころに座ります。できれば男女が交互に並ぶのが理想です。

　陣形はどうあれ、信念と目的意識をもって描いた魔法陣は、その
空間だけ空気が違います。完成した魔法陣は自分だけの聖域、唯一
無二の空間です。同じものは２度と描けませんし、誰にも真似でき
ません。グループセレモニーでは全員のエネルギーが相乗効果とな
り、その顔ぶれならではのユニークな陣が誕生します。それこそが
最高の魔法陣です。

第6章　チェックリスト

　このチェックリストを活用して準備を万端にしてください。本書で紹介する月まじないに共通して使えます。準備がスムーズに進むでしょう。
　このリストをコピーするか参考にしながら必要なものをメモします。コピーする場合は多めに取って、この本に挟んでおくと、次回からすぐに使えます。

注：このページには何も記入しないでください。

【チェックリスト】

月まじないのタイトル	本書のページ

●ロウソク　　本数：　　　　　色：

●ゴブレット／専用のグラス

●パワーストーン　　　　　種類：

●エレメントウォーター

●耐火性の容器

●香　　　　　　　　　　種類：

●アクセサリー／お守り　　　種類：

●ナイフ／杖

●ライター／マッチ

●音楽　　　　　　　ジャンル：

●紙と筆記用具

●塩

●ワイン／果汁

●その他

第7章　時間を捻出するには

　仕事、家事育児、おつき合いに忙しい日々を送っていると、月まじないの準備や実践に時間を割くのは容易ではありません。1人になれる時間を見つけることさえ至難の業です。独身で1人暮らしをしているなら問題はないでしょう。でも子供やペットがいる場合は違ってきます。
　都合がよいのは夜間です。家族が寝ている間、例えば深夜の2時にがんばって起きれば、まじなう時間を確保できます。深夜早朝はたいていの人が休んでいますし、喧騒もほとんどなく、世の中は静

かです。しかもさまざまな調査によれば、サイキックパワーがもっとも活発になるのは午前4時ごろとか。夜中に虫の知らせで目が覚めたら、時計を確認してみましょう。たいてい4時前後のはずです。

　早起きが無理なら、日中の予定をキャンセルすることを検討してください。例えば、決まった曜日にランチの約束や習い事がある場合は、その予定に代えて月まじないのセレモニーを営むのです。

　あるいは食事の支度にかける30分間を、宅食便や冷凍食品を利用するなどして、まじないに充てることもできます。セレモニーの所要時間は平均すると30分～1時間程度ですが、魔法陣のレイアウトや閉式後の瞑想にどれだけ時間をかけるかによって変わってきます。くれぐれも時間に急かされないでください。セレモニーを営むことは、慌てて食材を調達し、もっとも手早くできる料理を作って空腹を満たすのとは訳が違います。月まじないは神聖で霊妙な魂の儀式であり、想像を超える効果をもたらす可能性があります。そういうセレモニーを慌ただしく営むのはいけません。

　先日、私は友人と2人でまじなうことにしました。1週間後に予定したのですが、その前に友人が別の用事で我が家にやって来たのです。そのとき友人は「ついでだから、10分くらいでやっちゃおうか？」と言いました。友人はプロセスを踏む重要性を分かっていなかったのです。セレモニーの当日までに気分を徐々に高めて、その時を迎えなくてはいけません。またその日に向けた準備や心づもりは祈願成就の大切なプロセスです。

　気分を盛り上げることも成功のポイント。それはまじなうテーマを決めることから始まります。

　必要であれば、子供やペットの世話をベビーシッターか友人に頼

んでください。そうするだけの価値はあります。セレモニーのため
に仕事を休む人もいるほどです。

　休んだぶんの損失を月まじないで取り戻せるかどうかは、私にも
保証できませんが、その気になれば、時間はつくれるはずです。誰
にも邪魔されず１人になりたいという理由だけで、ホテルに部屋を
とる人を何人も見てきました。いざとなったら、友人宅を１時間ほ
ど借りるという手もあります。友人が買い物に出ている間、家を使
わせてもらうのです。

　時間を捻出する方法は必ずあります。

　事情があって電話の電源をオフにできず、雑音を排除するのが難
しいこともあるでしょう。その場合は右脳を働かせて、工夫を凝ら
してください。３章にも書きましたが、１人になれる場所がトイレ
しかないなら、トイレを利用しましょう。ほかに手立てがないので
すから、非礼ではありません。ガレージ、地下室、屋根裏部屋も使
えますが、途中で人が入ってきたり、のぞいたりすることがないよ
うに配慮しましょう。

59

第8章　課題の克服
——天気、スペース、信仰、周囲の理解

　月まじないを始めると、2つの課題に直面するかもしれません。ひとつは精神的な課題、もうひとつは物理的な課題です。

◎ **精神的課題**………信仰や周囲の理解

　これは信仰との兼ね合いや周囲の反応から生じます。どんな宗教宗派にも独自の慣例や儀式があります。しかし「まじないをするなら、信仰を捨てなさい」と言う人はいません。まじなうことは人生

に彩りを添えること。それならば、迷惑にも背信にも冒とくにもあたらないと、私は考えます。もし宗教的な指導者から「それは神の教えに反する」と言われたら、そのときは自分で判断してください。たぶん、みなさんは潜在意識にアクセスする方法を探究し、願いをかなえたいだけだと思います。

　私の友人やクライアントにはユダヤ教からカソリック、仏教にいたるまで熱心な信者がたくさんいますが、それぞれが人生を充実させる目的で月まじないを実践しています。しかし、そのことを街頭に立って宣伝したりはしません。自分なりに納得したうえで実践しているのであって、そこに罪の意識や後悔はありません。

　月まじないを話題にするかどうかは自由ですが、否定的な反応をする人の前では避けたほうがいいでしょう。それは、まじなうことが間違いだからではなく、自分の理解を超える課題を恐れる人がいるからです。

　精神世界の話題は議論を招きます。私の耳によく入ってくるのは、パートナーや家族が理解してくれないという悩み。ときに理解に欠ける人たちは、他人も自分と同じ価値観をもつと考え、それ以外のことに興味を持ったり挑戦したりすることを快く思わないようです。これは悩ましい問題ですし、信条をめぐって離婚に至ったケースもあります。ここは“自分の良心を信じて”常識で判断するべきでしょう。

　何を信じ、どう生きるかは人それぞれです。目的地に通じる道もひとつではありません。ですから、相手の立場も尊重してください。考えを改めるように迫ったり、自分の価値観を押しつけたりしてはいけません。自分の信条は胸に秘め、悔いのない充実した人生をかなえるすべを模索すればいいのです。それをあえて表に出す必要が

あるでしょうか。

興味を追求する権利は誰にでもあります。家族の理解が得られない場合は、自宅以外でまじなうか、1人きりになれる場所を確保したほうがいいでしょう。大切なのは他人の肉体、精神、感情を害さず、魂を傷つけないことです。

私はアリゾナ州セドナに一軒家を借りていたころ、近所に住む70代の女性と知り合いました。とても気立ての良いご婦人で、すぐに親しくなりました。一緒にドライブしたとき、私が物書きだと言うと、「どんな本を書いているの？」と尋ねてきました。そのとき書いていたテーマは"祈りのパワーとスピリチュアル"でした。そこで私は「精神世界に関する本を書いています」とだけ説明しました。それはまぎれもない事実ですが、自分が第三世代の霊能者であり、人知を超えた世界を信じていることは口にしませんでした。

パワースポットにさしかかったとき、女性は「ニューエイジ世代」について語り始めました。私のことをせいぜいそのなかの1人と思ったのでしょう。私は彼女のことが大好きでしたから、彼女なりの"ニューエイジ論"にはコメントも反論もしませんでした。

それがいちばんいいと思ったからです。議論したところでどうなるわけでもないし、何のメリットがあるというのでしょう？　私の強みは人を見て話ができることです。相手がむきになって反論する姿は見たくありませんし、無関心な相手に自分の信条を語ろうとも思いません。

いずれにせよ、デリケートな話題は慎重に扱いましょう。家族の間に月まじないをさげすむ空気があっても、そこは大人になって相手の考えを受け止めてください。悠然と構え、理解に欠ける相手に対しても理解を示すべきです。

月まじないを続けることに少しでも迷いを感じたら、心を乱して
までやることではありませんから、やめたほうがいいと思います。
月まじないのポリシー、セレモニー、成果に満足しているなら、今
後も続けてください。人の迷惑や害にならなければ、自分の気持ち
に正直でいるのがいちばんです。月まじないが役に立ったときは、
その体験を同好の仲間と共有しましょう。

❂ 物理的課題………スペース、天候など

　もうひとつクリアすべき課題は物理的な悩みです。しかし、部屋
が手狭だから鏡台やベットが邪魔して魔法陣が描けない——という
のは悩みのうちに入りません。それなら、障害物のない空間に無形
の陣をイメージすればいいのです。その場合は塩などの目印に代え
て、想像力を駆使しなくてはなりません。状況によってはロウソク
などのアイテムが使えないこともあるでしょう。そんなときでも工
夫しだいで成果が上がります。

　屋外で月まじないのセレモニーを営むときは天候が気になります。
カンザス州で講演したときも「雨天でも月まじないはできますか？」
と質問を受けました。

　私の答えは……雷が鳴っていなければ、もちろんできます。柔ら
かな雨のなかでまじなうときは、水のエレメントが飛び入りで参加
してきたと考えてください。雨が浄化や邪気払いになると考える人
もいます。

　私自身は雨に打たれながら地面や椅子に座っていても集中できず、
落ち着かないので、雨天のときは室内でまじなうか日を改めます。
これは好みの問題です。一般則として、気が散って集中できない状

況はストレスになります。それでは、まじなう意味がありません。

　最後はペットについて。セレモニーの間、ペットを入れておく部屋がある人はあまりいないでしょう。狭い場所に閉じ込めるのは気が引ける人もいるはずです。逆上したペットがドアを引っ掻いたり、吠えたりして騒ぐ可能性もあります。おとなしく座っているペットなら、同席させてもOKです。その場合、魔法陣の内外をうろうろされるよりは隣に座らせるほうが気が楽かもしれません。だったら、ペットも魔法陣に入れてください。

　かわいいペットとグループセレモニーを営むことはできるのか。これはむずかしいでしょう。ペットがセレモニーの趣旨を理解し、まじないに集中してくれるなら話は別ですが……。

第9章　瞑想の環 "ムーンサークル"

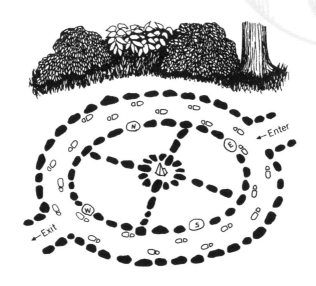

　ムーンサークル（月の環）は未来に関するメッセージを受け取る空間です。1人でもつくれますし、誰かに手伝ってもらってもいいでしょう。貝殻、岩、石、レンガ、松ぼっくりなど、好みのもので丸く囲めば完成です。環にすることでエネルギーがすばやく集まり、絶え間なく循環するので、未来に通じる波動が生じやすくなります。ムーンサークルの内部は東西南北の4ブロックに分かれますが、各ブロックに特有の意味合いやメッセージがあります。

　ムーンサークルでは、問題の解決や状況の分析に加えて予知もで

きます。ここから天界にアクセスし、啓示を受け取り、将来に備え
ましょう。ムーンサークルは未来を映し出すマジックミラーのよう
な空間です。

　アメリカ先住民は昔からメディスンホイールを使って未来を予見
してきました。しかし、ムーンサークルとは似て非なるものです。
私はメディスンホイールを尊重し、心身のヒーリングやバランス調
整に優れたツールと考えています。ですが、両者を混同してはいけ
ません。メディスンホイールのほうが仕組みが複雑で、アメリカ先
住民の信仰について深い知識を要します。

✪　ムーンサークルをつくる

　ムーンサークルは必要なときだけ設置しても、あるいは広い敷地
があれば常設してもかまいません。アウトドアにつくると大地とつ
ながることもできます。屋外にスペースがないなら、自宅のリビン
グの一角などにしつらえましょう。

　まず設置場所を選びます。単純に "良い気を感じる" 場所でOK
です。その場所の四方位（東西南北）に石などの目印になるものを
置きます。次に、その環の中央に手持ちのパワーストーンなどを並
べて小さい環をつくってください。これがムーンサークルの "パワー
スポット" になります。可能であれば、二重の環の外にさらに大き
な環を設けましょう。この第三の環はムーンサークルに沿って歩く
ときの回路になり、サークル内のパワーを封じ込めるのに役立ちま
す。67ページのイラストにならい、必ず入口と出口を開けてくださ
い。入口は東、出口は西につくります。

　モダンでシンプルなデザインにしたいなら、石、パワーストーン、

貝殻、レンガなどを５つ用意してください。

　その５つを東西南北の各方位とその中心に配置します。一見すると十字のようですが、あくまでも東西南北の目印をつなぐ円をイメージしなければいけません。

　常にサークルのサイズを念頭におきましょう。自分１人で使用するなら小さな環で充分です。ほかにメンバーがいる場合は、全員が座れるだけのスペースが必要で、着座の仕方も検討事項です。脚を曲げ伸ばしするのがつらい人もいるかもしれません。必要なら、椅子やクッションを用意してください。私は屋外では、太い丸太を椅子代わりにすることがあります。

❂　ムーンサークルを歩く

　サークルが完成したら、東から中に入ってください。東は朝日が昇る方位だけに、すべての道に通じる入口です。サークルを出るときは日没の方位の西から出てください。サークルを三重にした場合は出入口はすでについています。

　続いて、自分の身とサークルを清めます（スマッジング＝汚れをいぶし出す）。スマッジングにはスティックタイプのホワイトセージが便利。ホワイトセージはハーブを扱うショップで購入できるでしょう。スティックの先に火をつけ、炎がおさまるまで待ちます。煙が上がってきたら、スティックを振って、体の周囲に煙を行き渡らせましょう。煙浴して全身の邪気を一掃するわけです。ほかにメンバーがいるときは同様にスマッジングしてあげてください。

　リーフ（葉）状のホワイトセージを好む人もいます。その場合はリーフを貝殻などに盛っていぶし、羽根で煙をあおります。その点、

スティックタイプは道具を必要としないので手軽です。次はサークルを浄化します。邪気払いと同じ要領でサークルの隅々にまで煙を行き渡らせ、邪気を払ってください。

　ホワイトセージが手に入らない場合や煙を立てたくないときは手を払い、サークル内の邪気が一掃される様子をイメージします。体の邪気は両手を振って落としましょう。ですが、この方法は簡略形なので、なるべくホワイトセージのスティックを使用してください。

　これで準備は完了です。ムーンサークルに沿って歩きましょう。東から時計回りに３周します。サークル内のパワーを起こすには最低でも３周は必要。３は増進の数字です。３周してもパワーの循環を感じられないときは、感じられるまで歩いてください。

　ほかにメンバーがいる場合は一列になって歩きます。特定の方位にピンと感じるものがあったら、その場で足を止め、その方位のブロックに着座します。

　ほかの人は違う方位を選ぶかもしれませんし、もう何周かしないと決められないかもしれません。自分と同じブロックに座る人もいれば、向かいのブロックに座る人もいるでしょう。着座する場所に優劣はありません。誰かが隣に座ったからといって、その方位のパワーがダウンしたり、受け取るメッセージが減少したりすることはないのです。

　着座したら、手のひらを上に向けて待ち受けのポーズをとってもいいですし、手を組んで祈りのポーズをしてもかまいません。瞑想や天界と交信しているときに、手や脚を組んではいけないと考える人もいます。私はどちらのポーズも試しましたが、リラックスできるかどうかが何よりも大切だと悟りました。ムーンサークルのセレモニーでは心身ともにリラックスすることが、特に重要です。

着座したら、必ず中央のパワースポットに体を向けてください。つまり、座った場所は北でも、実際には北を背にして南を向いていることになります。その姿勢で受け取るメッセージは主に南から届き、北の影響も多少混じるでしょう。どの方位からメッセージが届くのかは事前に知る必要はありません。あとからでも確認できます。

座る場所（メッセージポイント）を決めたら、気を静めてリラックス。メッセージが来るまで待機します。心の中で何かを問いかけ、どんなひらめきがあるか試してもいいでしょう。メッセージや導きを得られたと感じたら、ゆっくり立ち上がってください。

最後にムーンサークルにお礼を言いましょう。声に出しても出さなくてもかまいません。「私を導いてくれた大地と宇宙のパワーに感謝します」など、自分なりに文言を考えてください。「ありがとうございました」と言って会釈するだけでもいいのです。自分を導くために降臨してくれた天界のパワーに感謝しましょう。サークルを出るときは日没の方位の西から出て、閉式とします。

✿ 各方位のメッセージと象徴

北………パワー、結実、知恵、正義の象徴

北が放つメッセージは知恵と完結。試練の時期を抜け、結果を出すときが来たことを告げています。北は、何ごとにもバランスが大切であることを教えます。知恵と常識を動員して、今ここで結論を出すように促しているのです。

北に向かう旅はゴールが近づくにつれて厳しさを増すでしょう。しかし "ゴールを目前にして挫折してはいけない" と北は告げます。北の旅路に困難はつきものですが、苦労する甲斐は充分にあります。

物事は北で決着します。精神が安定するのも、この方位。北はパワー、結実、知恵、正義を意味します。方位に迷ったときは北を向いてください。

南………将来への備えや創造性を象徴

喜怒哀楽に関するメッセージはすべて南から届きます。この方位は将来への備えを象徴し、情熱や満足や体調管理の必要性に気づかせてくれます。南に向くと感情のコントロールや自己表現の方法を学ぶことができます。トラウマや怒りをうまく発散するヒントも南が与えてくれるでしょう。

南は創造性をつかさどるので、創作活動や発想に関する導きも得られます。

東………刷新、誕生、再生の象徴

一日は東から始まります。自然の移ろい、純心、希望、信頼に気づかせてくれるのも、この方位です。東から差し込む朝一番の光は、指導力を授けます。東に教わることはたくさんあります。例えば、見えないものや触れられないものを信じ、人知を超えた世界に心を開くこと。東に向くと、新しい境地や進路を開拓できるかもしれません。

東が伝えているのは、未来を切り拓くには現在を受け入れ、現在と向き合わなければいけないというメッセージ。そのメッセージに従えば、新たな一歩を踏み出せます。これは恋愛、キャリア、健康、スピリチュアリティなど万物に通じる真理です。あなたは人生経験が豊富かもしれません。それでも新たな目標や挑戦に意欲が湧くとしたら、おそらく東の方向に向いているときでしょう。

西………終局やゴールの象徴

　日は西に沈み、夜と神秘と夢を連れて未知の世界に誘います。

　この方位は"先延ばしにしてきたことを終わらせよ"と告げています。エネルギーや精神力を奮い立たせ、決意と前進を促すのです。そして、内なる心に導きを乞うように勧めます。内なる心は気の流れが穏やかで、沈んだ日のごとく安定しています。西に向くと自己発見につながりますが、好ましくない一面を発見したときは反省し、改めるべきでしょう。

　特に啓示や回答を求めてはいないけれど、方位を決めて着座したいときは、今の自分に必要なパワーを与えてくれそうな方位を選びます。そして瞑想を通じて、その方位のパワーを吸収してください。例えば、企業面接を受けるかどうか迷っているときは東をお勧めします。

　瞑想の方位として北にばかり向くのは考えものです。心が冬のようになり、温かさを失ってしまうかもしれません。四方位はバランスよく活用しましょう。

セレモニーの演出

Creating a Magickal Atmosphere

Introduction

　月まじないを成功させる最大のポイントは、霊妙にしてリラックスできるムードをつくることにあります。ここに挙げる演出やアイテムには欠かせないものもあれば、オプションもあります。何が必需品で、何がオプションなのかは月まじないの項目ごとに示しました。一度にすべての演出を試す必要はありません。少しずつ取り入れてみましょう。

第10章　月まじないの効果を高めるには

✪　当日の飲食について

　キーワードは「軽めに」！　満腹の状態でセレモニーに臨むのは好ましくありません。脂っこい食事は眠気や体調不良を引き起こすことがあります。セレモニーの当日は、できれば肉類を避けてください。なるべく野菜と果物だけを摂るように努めましょう。魚料理はOKです（ただし焼き魚のみやフライ、こってりしたソースをかけたものはNG）。食事はセレモニーを始める2時間以上前に済ませてくださ

い。

カフェインや炭酸の入った飲み物も避けましょう。無難なのは、不純物が取り除かれた蒸留水です。カフェイン抜きのハーブティーには沈静作用があり、特にカモミールとパッションフラワーのブレンドティーはお勧めです。セレモニーの途中でワインや果汁に口をつける場合もありますが、そのときはくれぐれも飲みすぎないように……。

✿ 装いのポイント

装いにもキーワードがあります。それは「天然」「ゆったり」「清潔」の３つ。綿100パーセントのアイテムを選べば、間違いはありません。例えば、ゆったりした白いガーゼのワンピースは体を締めつけず、すがすがしい気分にしてくれます。まじなうテーマに合わせてカラーコーディネートを楽しむ人もいます。服の色を決めるときは、ロウソクのカラーチャート（83ページ）が参考になるでしょう。

綿100パーセントの服がない場合は、それに近いもの（綿と化学繊維の混紡など）を選んでください。着心地も大切です。タイトなジーンズにベルトを締めたのではリラックスできません。しかし、手持ちの服のなかでジーンズがいちばん着心地がいいのであれば、ジーンズでもOK。それにジーンズは大半が綿100パーセントです。プライバシーを確保できるなら、バスローブ、バスタオル、オーバーサイズのTシャツ1枚でもいいですし、何も着ないほうが楽なら裸でもかまいません。自分の好みで決めてください。

服を着替える前に、お風呂に入るかシャワーを浴びましょう。まずは心身をリフレッシュ。入浴やシャワーを全身の邪気払いと考え

てください。浴室に音楽やロウソクを持ち込むと、さらに効果的です。

　グループセレモニーを行なうときは自宅を出る前に、あるいは自宅にメンバーを迎え入れる前に、入浴やシャワーを済ませます。それが無理なら、せめて洗顔と手洗いをしましょう。足も洗うと、なお良しです。どうしても水が使えない場合は両手を振り払い、体についた邪気が落ちていく様子をイメージしてください。

✿　音楽をかける

　音楽には、もちろん曲調によりますが、心を穏やかにする作用があります。

　皆さんは、この本を読んでいるくらいですから、安らぎや癒しを求めていると察します。ということは、すでにヒーリング系の音楽を楽しんでいるかもしれません。スローテンポのクラシックやニューエイジは、特に人気が高いようです。イージーリスニングも検討する価値があります。自然が奏でる音を収録した環境音楽も心地良いBGMになりますし、手に入れやすいと思います。

　CDやテープを手に入れたら、事前に全曲聴いてみてください。最初の2曲は良かったのに、3曲目になったら急に曲調が変わり、狼の遠吠えが聞こえてくるようでは、セレモニーに集中できません。

　時間があるときに近所のレコード店をのぞいてみましょう。最近は視聴させてくれるところがほとんどですから、サンプルを聴いてから購入できます。セレモニーに使う音楽は所要時間に合わせて選んでください。

　途中で音楽が途絶えてしまうと、やはりムードが壊れてしまいます。やむなく曲を変える場合に備えて、音楽プレイヤーは手近に置

き、席を立たずにすむようにしましょう。音楽は魂のサウンドです。
月まじないのセレモニーに取り入れることができれば最高です。

第11章　演出用のアイテム

　自分にとって特別な意味があるものは、すべて月まじないのアイテムになります。創造性をつかさどる脳の部位はシンボルに反応しますから、創意を要するセレモニーにシンボリックな私物を用いることは理にかなっているのです。そうしたアイテムをすでに持っていても、気づかない場合があります。それは眺めるだけで"ごきげん"になれる絵かもしれないし、子供のころに親戚からもらった大切なコインや長年愛用している筆記具かもしれません。

✿ ロウソク

　ロウソクは物理的にも象徴的にも、人生の光です。闇を払い、新しい出会いやアイデアや目標を照らし出します。まじなう前にロウソクを灯すと、非常に強力な気が発生します。

　ロウソクは人間の3要素を象徴します。ロウの部分は"肉体"、芯は"精神"、炎は"魂"のシンボルです。

　ロウソクは色、形、サイズともに種類が豊富で、香り付きもあれば無香タイプもあります。月まじないのセレモニーではロウソクの形や香り（の有無）は重要ではありません。肝心なのはサイズです。1時間かかるセレモニーに30分で燃え尽きてしまうロウソクは適しません。

　ロウソクを灯す意味を考えると、色も重要です。色にはそれぞれ波動があります。ロウソクに火をつけると、ロウの色の波動が空気中に放たれます。次のカラーチャートを参考にして、まじなうテーマに合った色を選びましょう。

　欲しい色が手に入らないときは白にしてください。白いロウソクを灯したら、立ち上る煙に注目しましょう。煙が立つと、その場の邪気が払われ、煙がおさまるころにはすっかり浄化されます。

　価格が極端に安いものは要注意です。安物だと、煙が出すぎて困ってしまうことがあります。だからといって、最高級品を揃える必要はありません。そこは常識で判断してください。ロウソクを灯している間は火の気に注意し、ロウソクから目を離さないようにしましょう。

第11章　演出用のアイテム

＜ロウソクのカラーチャート＞

色	意味合いと効果
白	無垢　パワー　清新　呪術　ヒーリング　安らぎ　霊的能力 ※色付きのロウソクと一緒に使用すると、その色の効果を高める。
黒	魔よけ（黒は邪気の色ではない）　解放　消去
青	安らぎ　静けさ　守護　貞操　幽体離脱
茶	家内安全　テレパシー　安定
シルバー	邪気や邪念の中和
緑	繁栄　蓄財　成功　嫉妬の抑制　野心
オレンジ	達成力の向上　秩序　自己抑制
ピンク	愛情　友情　恋愛　慈悲　献身
紫	直感　魂の探求　独立独歩　英知
赤	多産　強壮　愛欲　勇気
黄	健康　自信　魅力　華やぎ　行動力

　前章でも触れましたが、このチャートはセレモニー当日の装いを決めるときにも参考になります。

✿ 香とアロマ

　私が見るところ、香に対する好き嫌いははっきり分かれるようです。

　香にもさまざまなサイズや形状があり、"ストレス解消""元気が出る""恋に効く"など効き目をうたっているものもあります。

　ポプリや精油のほうを好む人もいます。月まじないのセレモニーで香を焚くのは、できるだけ穏やかに意識を変化させるためです。セージやサンダルウッド（白檀）で気分が落ち着くなら、その２つを使ってください。しかし自分の鼻が拒絶反応を起こしたら、嗅覚の好みを尊重しましょう

　セレモニーに使う香りを他人に選ばせてはいけません。例えば、柑橘系にはリフレッシュ効果、ライラックには鎮静作用があることは各種の調査で実証されています。ですが、香のラベルに"恋愛成就"と書いてあるからといって、好きになれない香りを我慢して使う必要はありません。いつでも自分の好みを優先しましょう。

　いろいろな香りを試すのは楽しいものです。香はさほど高価ではありませんし、１本ずつ買える場合もあります。ここで注意がひとつ。室内や狭い空間でまじなう予定なら、新しく買った香は事前に試したほうがよいでしょう。そうでないと嫌いな香りを数時間、場合によっては数日間、我慢することになるかもしれません。香の匂いはなかなか消えず、いつまでも残ることがあるからです。

　参考までに、まじないのテーマに合う香りを紹介しましょう。繰り返しますが、これは参考であって鉄則ではありません。

ヒーリング

ベイ（ローリエ）
カーネーション
シーダー
ユーカリ
ジュニパー
ラベンダー
レモンバーム
ミルラ
パイン
セージ
サンダルウッド（白檀）
タイム

ロマンス

アップル
ムスク
ローズ
アンバーグリス
バジル
シナモン
カモミール
ドラゴンズブラッド

ジャスミン
レモングラス
パチョリ
ペパーミント

仕事、キャリア

バニラ
オールスパイス
クローブ
ナツメグ
パイン
ウィステリア
ヘリオトロープ
スプルース
セージ
ミント
ハニーサックル
シーダー
ベイベリー

女性向け

ムスク
オレンジ
ヒアシンス
ジャスミン
レモングラス
パチョリ
ミルラ
パイン
ローズ

男性向け

ムスク
シーダー
ジャスミン

天界との交信

フランキンセンス
（乳香）
ヘリオトロープ
ジャスミン
スイートグラス
ガーデニア
パイン
セージ
スイートバイオレット
（ニオイスミレ）
サンダルウッド（白檀）
ローズ

✸ パワーストーン──水晶とその他の天然石

　水晶はクォーツ時計の心臓部にあたり、電波の送受信を担っています。水晶がなかったら、コンピューター時代は到来しなかったでしょう。水晶は集積回路や電子チップの素材としても使われています。

　水晶の活躍の場は電子部品だけにとどまりません。セレモニーの重要なアイテムとして集中力を高めてくれます。一説には心霊体を癒す力もあるとか。

　ほかの天然石にも特定のパワーを秘めたものが数多くあり、セレモニーに役立ちます。参考までにパワーストーンの一部を紹介しますが、天然石は研究する余地が大いにあります。さらに詳しく知りたい人は近所の図書館や書店に行くと、関連書籍がたくさん見つかるでしょう。

＜パワーストーンの効用＞

★…水晶について…★

　水晶は天然石や占いグッズを扱うショップなどで手に入ります。原石もあれば加工品もあります。水晶に大金をかける必要はありません。最初は小粒のものを購入し、必要になったら大きいものに買い換えましょう。パワーストーンの選択に迷ったときは白水晶にしてください。

　白水晶…………ヒーリングに有効。エレメントを整え、心身を満たす。サイキックパワーを高める効果も。

アメジスト………呪術の儀式に威力を発揮。心霊術師やヒーラーの間で治療に使われてきた歴史がある。怒りや不安を抑え、情緒を安定させる。

カーネリアン……別名"幸運の石"。血液の浄化、性感の促進、性機能の回復に有効とされる。

ラピスラズリ……愛を引き寄せる石。頭痛、高血圧、うつ、不眠などの改善にも定評がある。

マラカイト………滋養強壮に有効。変化と創意を象徴する石。古代エジプト人はマラカイトを砕いてアイシャドウにし、邪悪な視線を牽制した。

ムーンストーン…"魔法の石"ともいわれる。予知能力を開花させ、呪術の儀式に広く用いられている。幽体離脱を促す。

ローズクウォーツ…慈愛の石として、心の癒しに最適。

ターコイズ………心身の強化と守護に有効。アメリカ先住民にとっては聖石。馬と旅人のお守りにもなる。アラビアでは"瞑想の石"といわれ、邪気を吸収する効果も。

パワーストーンを選ぶときは丁寧に触れてみましょう。人が石を選ぶのではなく、石が人を選びます。そういう石に出会うと、ほかの石にはない"縁"を感じるはず。直感を働かせましょう。直感は内なる声のメッセージです。

＜パワーチャージ＞

手に入れた天然石は浄化し、パワーを補給し、祈りを込める必要

があります。前の持ち主や手に取った人たちの"気"がついている
はずですから、水洗いするか水を張ったボウルの中にしばらく浸け
ておきましょう。

　浄化したら、月光浴でパワーチャージ。新月か満月の下に一晩、
置いてください。

- ★　**新月**……新月のパワーを蓄えた天然石は新たなスタート、自信、
　　希望などを増進させます。
- ★　**満月**……満月の光を浴びた天然石は夢の実現をサポートします。
　　満月はあらゆるテーマのまじないに対応する万能の月相です。

　浄化とパワーチャージが済んだら、最後に祈りを込めます。水晶
を握り、水晶の波動を感じながら、念じましょう。願いをかなえた
自分をイメージしてください。ただし、かなえるまでのプロセスを
想像してはいけません。

　例えば10キロの減量が目標なら、10キロやせた自分が体重計に
乗っている姿をイメージします。どうやって減量したかについては
考えないこと。そこは天の御心に任せましょう。

✵　天然の聖水"エレメントウォーター"

　本書の月まじないには"エレメントウォーター"を用いるものが
あります。エレメントウォーターは基本的に雨水ですが、雷風の下
でパワーチャージされているので、月まじないの効果を高めます。
　エレメントウォーターは火、風、土、水の４大エレメント（元素）
を象徴し、その４つを最高の形で含んでいます。火を表す稲妻はパ

ワー、スタミナ、神通力、官能を意味し、風を表す雷は魂、健康、知識に、そして土を表す嵐は自然、原点回帰、英知、森羅万象に通じます。また、水を表す雨は感情、内観、創造性、浄化に関連づけられます。

<エレメントウォーターを入手するには>

　基本的には雨水を集めるだけです。まずは雨水を受ける容器を用意しましょう。私はガラス製、プラスチック製、素焼きなど、あらゆるタイプの容器を試しましたが、特に違いはありませんでした。天然素材の器や思い入れのある器を使いたい人もいるでしょう。その場合は専用の容器を用意してください。私はゴブレットを2～3脚使ってエレメントウォーターを集めています。

　容器は新品か新品同様に清潔であることが条件。ガラス製のものは食洗器にかけるか熱湯消毒してください。新品であっても人の手に触れているはずですから、きれいに拭いて邪気を取り除きましょう。雷雨は頻繁には起こりません。できるだけ大量の雨水を一度に集め、エレメントウォーターを切らさないようにしたいものです。

　雷雨の気配がしたら、雨水をキャッチできる場所に容器を置きます。急な雷雨に備えて容器を外に出しっぱなしにする人もいれば、雷雨の接近を確認してから外に出す人もいます。

　雷雨がおさまり、雨水が集まったら"手の祈り"を捧げます。雨水の入った容器の上に両手をかざし、『この水に*祝福*を。*祈願成就の力を与えたまえ*』と唱えてください。

　集めたエレメントウォーターはすぐに使用する分を除いて、保存用の容器に移し替えます。フタの付いたコップ、水差し、瓶などがよいでしょう。

エレメントウォーターの出番はセレモニーのときだけではありません。お守りとしても使えます。小さな瓶に小分けして持ち歩いても、友達におすそ分けしてもよいでしょう。エレメントウォーターは同好の仲間への最高のプレゼントになります。自然の恵みに祈りが込められているのですから。

私はクリスマスが近くなると、プラスチックの小さなボトルにエレメントウォーターを入れ、"エレメントウォーター"と書いたラベルを張り、ボトルの口にリボンをかけ、魔よけとして大切な人たちに贈ります。私自身もエレメントウォーターを活用して、あちこちの邪気を払いました——自分の車、パソコン、オフィス、自宅、お隣りのネコ（！）のために。

<エレメントウォーターの定義と注意点>

・エレメントウォーターと呼べるのは雨、稲妻、雷の３種のパワーにチャージされた水だけです。普通の雨水は有効ではありません。

・側溝からあふれた雨水は使用禁止！　大量の雨水を一気に集めたいときは、あふれ出る水を汲むほうが効率よく思えます。でも、側溝を通ってきた雨水は不純物を含んでいますから、空から降る雨と違って、清潔ではありません。

・大気中の汚染物質は気にしないでください。先ほど説明した"手の祈り"で浄化できます。

・エレメントウォーターを飲んではいけません。飲料用ではありません。

・住宅事情などでエレメントウォーターを集められない場合は友人に頼みましょう。友人に集めてもらったエレメントウォーターも"手の祈り"を捧げてから使用してください。

第 11 章　演出用のアイテム

・雷雨にはくれぐれも注意してください。雷がやむまでは外に出な
　いこと。暴風が過ぎるのを待って、雨水を回収しましょう。

✸　オプション

　パート3で紹介する月まじないでは、次のようなアイテムを使う
ことがあります。手元にあるものや使いやすいもので代用してもか
まいません。

★　**杖やナイフ**……具体的には短剣、アサメイ（ウィッカの儀式に用
　いられる黒い柄のナイフ）、ペーパーナイフ、杖、細長い水晶など。
　先端が細く、指し棒になるものならOKです。パワーストーン
　の付いたデザイン杖は専門店やネットショップで入手可能。両
　刃のナイフも同様のショップで購入できます。

★　**耐火性の容器**……鍋、釜、灰皿、金属製のゴミ入れ、ミニ暖炉
　など。紙類を安全に燃やせる入れ物を選びます。

★　**専用グラス**……ワインや果汁を入れます。ワイングラス、コッ
　プ、ボウル、ゴブレットなど。

★　**その他**
　・花、果物
　・聖人像、ホーリーカード（聖書の言葉や聖人が描かれたカード）
　・タロットカード、ルーン文字（未来を占う道具なら何でも）
　・ペンデュラム（使い方は18章を参照）
　・ペンタクルかペンタグラム
　　　ペンタクルは円の中に五角の星（五芒星）がある図形。ペン
　　タグラムも五芒星ですが、円はありません。五芒星は土、風、火、

水の４大エレメントに加えて、第五のエレメント"精霊"を象徴します。また両手脚を広げた人間の姿とも解釈でき、各種儀式の魔よけとしてもよく使われます。五芒星を置くときは、天地を間違えないでください。逆さに向けると縁起が良くないといわれます。

・十字架（種類は問いません）
　万国共通のシンボル"十字"には相反するものをひとつに束ねるという意味があります。両腕を広げる人間の姿や人生の十字路（岐路）を表すことも。宗教的にもスピリチュアル的にもさまざまに解釈できます。
・ベル
　ベルの音は天のパワーに呼びかけ、セレモニーの開始を告げます。ベルを魔よけに使う人もいます。

　神秘のパワーを宿すアイテムや思い入れのあるアイテムは選ぶ本人にしか分かりません。ひとつだけ言えるのは、そういうアイテムに巡り合ったら、大事に扱い、大いに活用するべきということです。

第11章　演出用のアイテム

✿　オリジナルの祭壇

　祭壇はあくまでもオプションですが、月まじないのアイテムを並べ、崇拝の対象をまつるのに絶好のスペースになります。物を置く以外にも、祈りを捧げ、瞑想し、啓示を受ける場所として活用できます。

　平面であれば、どこでも祭壇になります。小さなテーブル、鏡台の一角、スピーカーの上、本棚も使えます。ブロックを両脚にして、その上に木の板を渡してもいいでしょう。ここにも工夫を凝らす余地があります。

　祭壇は、常設するよりもセレモニーのときだけ使いたい人もいるでしょう。祭壇に並べる一般的なアイテムはロウソク、香、杖、ナイフ、パワーストーン、ゴブレット、エレメントウォーター（聖水）。そのほか、思い入れのある品やオーナメントの類を加えてもけっこうです。祭壇を飾りつけるのに決まりはありません。アイテムを配置しながら、自分が納得できるレイアウトにしてください。

　可能であれば、屋外に祭壇をしつらえるのも一興です。お気に入りの木の近くに、石やレンガを並べて作ってみましょう。木のテーブルを作りつけ、祭壇代わりにしてもよいですし、平らな切り株や岩を利用すれば、もっと簡単です。

　金属の使用はなるべく控えてください。祭壇も、やはり天然素材がいちばん。やむなく金属を使うときは、その部分を隠してしまいましょう。天然素材の布で覆うか木板を乗せます。ナチュラルな趣になるように工夫してください。

　完成した祭壇をどちらに向けるかですが、これについては諸説あります。安定の方位である北に向けなさいという人もいれば、太陽

93

と月が出る東を勧める人もいます。方位にはそれぞれ意味と役割がありますから、使い勝手を優先して向きを決めてもかまいません。

　移動式の祭壇を見かけたこともあります。台座にキャスターが付いていて、まじなうテーマに合わせて自由に向きを変えられます。置き場所に困ったときはクローゼットの中にしまえるので便利です。

　祭壇は個性豊かで、実に興味深いもの。この小さな聖域をつくるのに正解も不正解もありません。

願いをかなえる月まじない

Spells

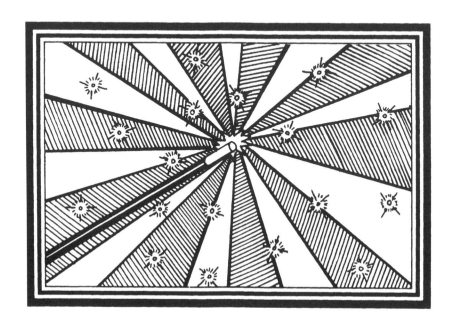

Introduction

　これから紹介する月まじないを神通力を扱う者として、軽々しく考えてはいけません。月まじないが悩ましい問題の解決に役立った──そう感じてもらうことが私の本望です。くれぐれも善意をもってまじない、他人や自分を決しておとしめてはいけません。

　月まじないのテクニックは良識を踏まえ、人事を尽くしたうえで、願いをかなえるために使うものです。目に見えない力に目に見える結果を乞うのですから、辛抱が必要。繰り返しまじなっても思うような結果が得られないときは、天の御心は別のところにある証しと受け止めてください。少なくとも自分の願いを知ってもらうことができました。それだけでも開運のきっかけになるはずです。

第12章　ヒーリング

幸せの扉はひとつ閉じると次が開くが、人は閉じた扉を見つめるばかりで、開いた扉に気づかないことが多い。

——ヘレン・ケラー

ヒーリングの月まじないは、心理面に奇跡的な作用をもたらすことがあります。しかし従来の医療や精神療法に代わるものではありません。その目的は、医療のプロが必要と判断した治療や健康法をサポートすることにあります。

　心のありようは肉体を癒すために欠かせない要素。月まじないのセレモニーは肉体のみならず潜在意識にも働きかけ、病める気の回復を促します。

　切実な願いが真摯な祈りを通じて導きを得るとき、私たちは独特の意識領域にトランスし、そこで癒され、成長します。健康祈願のまじないやセレモニーは天に協力を願うことにほかなりません。

　その願いが通じれば、可能性はまさに無限大に広がるでしょう。自分の心身をコントロールする力が備わるからです。問題は、その境地に到達するルートを開拓し、未体験の領域に分け入る覚悟をもつことです。

いつまでも健康でいられるように

❊　必要なアイテムと準備

　魔法陣（下記参照）を描くためのアイテムは自由に選んでください。

★　用意するもの

・エレメントウォーター…稲妻と雷を伴う天候の下で集めた雨水
　　　　　（エレメントウォーターの集め方は11章を参照）

第 12 章　ヒーリング

　・エレメントウォーターを入れる小ぶりのボウル

⭐　**ロウソク**…青、白、赤のロウソクを 1 本ずつ用意。
　魔法陣に着座してから用意したロウソクを手前に置きます。左から青、白、赤の順に一列に並べてください。

⭐　**魔法陣**……最適な陣は円形。
　月まじないのセレモニーは、魔よけとなる円形の魔法陣を描くことから始まります。三角形や正方形の陣を併用する場合は円陣を描いてから、その内側に描いてください。
　詳しい説明は 5 章にあります。杖、ナイフ、塩など好みのアイテムを使うか、腕を伸ばし、指先を揃えて描いてもいいでしょう。

⭐　**方位**………北に向かってまじなうのがもっとも効果的。
　魔法陣の中でこの方位を向いてから、用意したアイテムを配置します。

⭐　**月相**………ベストなタイミングは上弦の時期。
　月が満ちるころに合わせて、健康が増進するように祈りましょう。

⭐　**曜日**………特に曜日は問いません。

❋　オプションのアイテム
　次のアイテムはセレモニーに彩りを添え精神統一に役立ちますが、必需品ではないので手に入らなくても支障はありません。

99

★ パワーストーン…このまじないにふさわしいのは白水晶とアメジスト。

ほかに使いたい天然石があれば、魔法陣に着座してから手前に並べてください。

★ 香…………レモンバーム、タイムが好相性。

香は魔法陣の中の安全なところに置きます。まじないの準備をしながら香りを楽しみたいなら、陣の外で焚き始めてもかまいません。

★ 音楽………ニューエイジ、クラシック、瞑想向けのBGMがお勧め。心安らぐハーモニーが心身のバランスを整えると考えましょう。基本的に心地よく感じる曲であればOKです。

<月まじないのセレモニーを始める前に>
・邪魔が入らないことを確認する
・可能であれば、電話の電源を切る
・音楽をかける（オプション）
・照明を薄暗くする
・手洗い／シャワー／入浴を済ませる
・香を焚く（オプション）
・必要なアイテムを揃えて手近に置く
・魔法陣を描く
・ロウソクを灯す
・天の声が全身を流れるように祈る

＜誓いの言葉＞

※魔法陣の中で次の文章を朗読してから本番に入りましょう。

私は何ごとに関しても、特に自分の健康について感謝の心を忘れません。この肉体と精神と魂がバランスよく共存していることがすべての源です。私は健全な癒しのオーラに包まれています。
この健康がいつまでも続きますように。
このパワーを私に送ってくださる天に感謝いたします。
終わります。

＜まじないの手順＞

１．手先をエレメントウォーターに浸し、その手を胸に当てて『私の肉体は健康である』と唱えます。

２．再び手先を浸し、その手を額に当てて『私の精神は安定している』と唱えます。

３．もう一度手先を浸し、その手を頭頂に当てて『私の魂は上々である』と唱えます。

４．最後に心の中で『ありがとうございました』『アーメン』などと唱えて閉式とします。

５．ロウソクの火を消し、魔法陣を解いてください。魔法陣を解くには陣が地を離れ、屋根を突き抜け、天まで昇り、宇宙の果てに消えていく様子をイメージします。

６．セレモニーが済んだら、残ったエレメントウォーターは植木にやるか外にまきます。残りを取り置いてはいけません。外にまくことができない場合は排水口にゆっくり流し、流れていく水に手をかざしながら『大地に帰れ』と唱えてください。

怒りをコントロールしたい

書く作業を伴いますので、そのぶん時間がかかります。

✺ 必要なアイテムと準備
魔法陣（下記参照）を描くためのアイテムは自由に選んでください。

✪ 用意するもの
・紙
・筆記用具
・ライターまたはマッチ
・耐火性の容器

✪ ロウソク…黒のロウソクを1本あるいは青、黒、シルバー（グレー）のロウソクを1本ずつ用意。
魔法陣に着座してから手前に置いてください。3本使用する場合は左から青、黒、シルバー（グレー）の順に一列に並べます。

✪ 魔法陣……最適な陣は円形。
月まじないのセレモニーは、魔よけとなる円形の魔法陣を描くことから始まります。三角形や正方形の陣を併用する場合は円陣を描いてから、その内側に描いてください。

詳しい説明は5章にあります。杖、ナイフ、塩など好みのアイテ

第12章　ヒーリング

ムを使うか、腕を伸ばし、指先を揃えて描いてもいいでしょう。

★　**方位**………西に向かってまじなうのがもっとも効果的。
　魔法陣の中でこの方位を向いてから、用意したアイテムを配置します。

★　**月相**………ベストなタイミングは下弦か晦（つごもり）の時期。
　月が欠けるころに合わせて、怒りが鎮まるように祈りましょう。

★　**曜日**………水曜と木曜を除けばいつでもOKです。

✳　**オプションのアイテム**
　次のアイテムはセレモニーに彩りを添え、精神統一に役立ちますが、必需品ではないので手に入らなくてもまじないに支障はありません。

★　**パワーストーン**…このまじないにふさわしいのはタイガーアイ、
　　　　　　　　　　　　　　　　　オブシディアン。
　ほかに使いたい天然石があれば、魔法陣に着座してから手前に並べてください。

★　**香**…………パイン、ベイ（ローリエ）が好相性。
　香は魔法陣の中の安全な所に置きます。まじないの準備をしながら香りを楽しみたいなら、陣の外で焚き始めてもかまいません。

★　**音楽**………ニューエイジ、クラシック、瞑想向けのBGMがお

103

勧め。波立つ心を鎮めてくれるサウンドを選びましょう。

＜月まじないのセレモニーを始める前に＞

・邪魔が入らないことを確認する

・可能であれば、電話の電源を切る

・音楽をかける（オプション）

・照明を薄暗くする

・手洗い／シャワー／入浴を済ませる

・香を焚く（オプション）

・必要なアイテムを揃えて手近に置く

・魔法陣を描く

・天の声が全身を流れるように祈る

＜誓いの言葉＞

※魔法陣の中で次の文章を朗読してから本番に入りましょう。

私は●●●（人名または出来事）に対する怒りを解放します。

腹を立ててもメリットはありません。

怒るという反応を選択したのは自分ですから、

その選択を取り消します。怒りは私の心身をむしばみます。

怒りの原因は、相手の考えや行動が自分と違うことを受け入れられ

なかったことです。でも相手の考えが自分と合わないからといって

怒るのは正しい反応ではありません。

人の言動をコントロールすることはできません。

その現実を受け入れられるように力を貸してください。

これからは人の言動に対して感情的にならないように努めます。

今度、怒りがこみ上げてきたら、怒ると決めたのは自分だということを思い出します。そして深呼吸をし、気持ちを落ち着かせます。

その次はもっと長く冷静でいられるように努力します。

いつかは怒りを完全にコントロールできる日が来るはずです。

そのときには、私は達成感と誇りを感じることでしょう。

自制心を身につけ、強くなることができれば、もう不可能はありません。

この決意が全身を包み込みますように。

終わります。

＜まじないの手順＞

1．ロウソクを灯し、怒りの対象（人や出来事）に宛てて短い手紙を書きます。自分に対して腹が立つなら、自分に宛てて書きます。

2．相手が故人であっても……やはり、その人に宛てて書いてください。つらかった経験や自他にダメージをもたらせた出来事に対しても同様にします。

3．手紙にするのが面倒なら、要点だけをメモします。例えば"リックへ　ボストンに住んでいたころ、私よりも仕事を優先したあなたに今でも怒りを感じる"。"イリノイ州へ　あの手術を私に全額負担させたのが許せない"など。

4．長い手紙をしたためたいなら、今の気持ちや怒りの理由を詳しく書いてください。正直に具体的に記しましょう。この手紙が人目に触れることはありません。自分だけの"秘密の文書"です。本格的に書く場合は、セレモニーを始める前に、机に向かって手書きするかパソコンに打ち込んでください。手紙をしたためる目的は自分の気持ちを文字に表し、潜在意識の外に出すこ

とにあります。
5. 完成した手紙を耐火性の容器に入れ、その中で燃やします。少しくらい燃え残ってもかまいません。個人名や固有名詞が見えなくなれば十分です。
6. 手紙を燃やすことに抵抗があるなら、できるだけ小さく破いて水に放ち、あとで処分しましょう。こうすることで気分が晴れて、新しい一歩を踏み出すきっかけになったという人は数え切れないほどいます。
7. 次の文言を唱えます。

　　　今日、私は決意を新たにした
　　　これから始まる人生に祝福を
　　　今までの怒りに訣別を
　　　私は生まれ変わり、自由になる

8. 最後に心の中で『ありがとうございました』『アーメン』などと唱えて閉式とします。
9. ロウソクの火を消し、魔法陣を解いてください。

依存や執着を断ちたい

　セレモニーの当日はなるべく肉料理や魚料理を控えてください。肉を食べると胃が重くなりがちですが、依存心を追い出すには心身

を軽くして、心のドアを開けやすくする必要があります。また、肉食は動物のなきがらを体内に入れることですから、邪気はできるだけ遠ざけましょう。

※　必要なアイテムと準備

魔法陣（下記参照）を描くためのアイテムは自由に選んでください。

★　用意するもの

- ・ハサミ
- ・ひも、ロープ、コード、リボン、糸などハサミで簡単に切れるもの。色は黒が好ましいですが、ほかの色でも代用できます。
- ・水を張ったボウル
- ・小粒の白水晶

★　ロウソク…シルバー（グレー）、白、黒のロウソクを1本ずつ用意。

魔法陣に着座してから用意したロウソクを手前に置きます。左からシルバー（グレー）、白、黒の順に一列に並べてください。

★　魔法陣……最適な陣は円形。

月まじないのセレモニーは、魔よけとなる円形の魔法陣を描くことから始まります。三角形や正方形の陣を併用する場合は円陣を描いてから、その内側に描いてください。

詳しい説明は5章にあります。杖、ナイフ、塩など好みのアイテムを使うか、腕をのばし指先を揃えて描いてもいいでしょう。

★　方位………東に向かってまじなうのがもっとも効果的。

魔法陣の中でこの方位を向いてから用意したアイテムを配置します。

★　月相………ベストなタイミングは下弦か晦（つごもり）の時期。

月が欠けるころに合わせて、衝動が減っていくように祈りましょう。

★　曜日………金曜、土曜、日曜、特に日曜がチャンスです。

※　オプションのアイテム

次のアイテムはセレモニーに彩りを添え、精神統一に役立ちますが、必需品ではないので手に入らなくても支障はありません。

★　パワーストーン…このまじないにふさわしいのはペリドット。

ほかに使いたい天然石があれば、魔法陣に着座してから手前に並べてください。

★　香…………スプルースが好相性。

香は魔法陣の中の安全なところに置きます。まじないの準備をしながら香りを楽しみたいなら、陣の外で焚き始めてもかまいません。

★　音楽………スローテンポのおだやかな曲、特にピアノかフルートの演奏曲がお勧め。基本的に心地よく感じる曲であればOKです。

＜月まじないのセレモニーを始める前に＞

・邪魔が入らないことを確認する

・可能であれば、電話の電源を切る

・音楽をかける（オプション）

・照明を薄暗くする

・手洗い／シャワー／入浴を済ませる

・香を焚く（オプション）

・必要なアイテムを揃えて手近に置く

・魔法陣を描く

・ロウソクを灯す

・天の声が全身を流れるように祈る

＜誓いの言葉＞

※魔法陣の中で次の文章を朗読してから本番に入りましょう。

本日、私は生き方を改めることにしました。

そう決意したのは人に言われたからではなく、自分自身が情けなく

なったからです。

"思い立ったが吉日" といいます。

今日は人生の記念日になるでしょう。

これまでの自分を振り返り、こんな生き方を続けたくないと思い至

りました。

月の強さとエネルギーを授かり、天地神明に誓います

　　──私は●●●（依存の対象）への依存を断ちます。

どうして私は常軌を逸してしまったのか。

その答えを追求したい気持ちはありますが、あえて封印します。

それよりもまず自分を前向きに変えることに専念します。

私を誘惑しようとする人たちや環境には近づきません。

何かに依存して心の空白を埋めようとしても、かえってむなしくなるのは分かっています。

天は心に空いた穴を見つけると、健全な気で満たしてくれる——そう考えるとうれしくなります。

"健全な気"とは何でしょう？

それは私が依存する対象などより３×３（３の３倍）もすばらしいもの。依存性がなく、幸せと誇りを感じられるもの。

それが何であるのか邪推するのはやめます。

その天の恵みは依存の対象を遠ざけることで、おのずと近づいて来るはずですから。

もし自力で断ち切れないときはあせらずに、同じ体験をした人に相談し、専門家の力を借りることにします。

今日、パワフルな月の下で、こうして誓いを立てました。

それだけでもヒーリングパワーが発動し、衝動やリスクを抑えることができます。

今後、●●●（依存の対象）の誘惑に負けそうになったら、昼夜を問わず、晴れの日でも雨の日でも、今日の誓いを思い出します。

誘惑に負ければ、天の恵みは遠ざかってしまいます。

私は●●●への依存を断ちます。

（このフレーズを３回繰り返してください）

＜まじないの手順＞

1. ひも（コード、ロープ、リボン、糸など）を結んで結び目をひとつ作ります。この結び目を依存の対象と考えてください。

第12章 ヒーリング

2. 結び目を見つめながら、これに依存することで自分自身と周囲がどんな迷惑やトラブルを被ってきたのか省みます。好きなだけ時間をかけ、ひとつ残らず思い出してください。

3. 結び目の近くにハサミを入れ、ひもを切ります。ハサミを入れる位置は結び目の左側でも右側でもかまいませんが、結び目そのものは切らないでください。

4. 結び目のついたほうを封筒に入れ、封をします。

5. 体の前で手をはらう動作を3回繰り返します——依存の対象を遠くに追いやるつもりで。

6. 次の文言を唱えます。

私は自分の強さを日々、実感する
私の意志は日増しに固くなる
このトラブルよ、去れ、はるかかなたへ
私は解放される。魂を取り戻す

7. 最後に心の中で『ありがとうございました』『アーメン』などと唱えて閉式とします。

8. ロウソクの火を消し、魔法陣を解いてください。

9. ひもを入れた封筒を処分します。捨てる、燃やす、埋める、海に流すなど好きな方法を選んでください。

恐怖心を取り除くには

セレモニーの当日は、できるだけ肉や魚を控えてください。

※ 必要なアイテムと準備

魔法陣（下記参照）を描くためのアイテムは自由に選んでください。

★ 用意するもの
・ナイフ、安全ピン、ペンなどロウソクの上面に文字を彫るための道具。

★ ロウソク…黒か青のロウソクを１本用意。
魔法陣に着座してから用意したロウソクを手前に置きます。

★ 魔法陣……最適な陣は円形。
月まじないのセレモニーは、魔よけとなる円形の魔法陣を描くことから始まります。三角形や正方形の陣を併用する場合は円陣を描いてから、その内側に描いてください。
詳しい説明は５章にあります。杖、ナイフ、塩など好みのアイテムを使うか、腕をのばし指先を揃えて描いてもいいでしょう。

★ 方位………西に向かってまじなうのがもっとも効果的。
魔法陣の中でこの方位を向いてから、用意したアイテムを配置し

第 12 章　ヒーリング

ます。

⭐　月相………ベストなタイミングは下弦か晦（つごもり）の時期。

　月が欠けるころに合わせて、恐怖心が小さくなるように祈りましょう。

⭐　曜日………金曜、土曜、日曜、特に日曜がチャンスです。

❋　オプションのアイテム

　次のアイテムはセレモニーに彩りを添え、精神統一に役立ちますが、必需品ではないので手に入らなくても支障はありません。

⭐　パワーストーン…このまじないにふさわしいのはアクアマリン。

　ほかに使いたい天然石があれば、魔法陣に着座してから手前に並べてください。

⭐　香…………ローズマリー、ライラック（リラ）が好相性。

　香は魔法陣の中の安全なところに置きます。まじないの準備をしながら香りを楽しみたいなら、陣の外で焚き始めてもかまいません。

⭐　音楽………スローテンポのおだやかな曲、特にピアノ、フルート、アコースティックギターの音色がお勧め。基本的に心地よく感じる曲であればOKです。

＜月まじないのセレモニーを始める前に＞

　・邪魔が入らないことを確認する

113

・可能であれば、電話の電源を切る

・音楽をかける（オプション）

・照明を薄暗くする

・手洗い／シャワー／入浴を済ませる

・香を焚く（オプション）

・必要なアイテムを揃えて手近に置く

・魔法陣を描く

・天の声が全身を流れるように祈る

＜誓いの言葉＞

※魔法陣の中で次の文章を朗読してから本番に入りましょう。

今日、私は恐れるよりも冷静になることを選びます。

大切なのは恐怖心をコントロールできるかどうかではなく、コントロールしようと決意すること。

決意するだけなら難しいことはありません。

もう心は決まりました。

あとはリラックスして、心おだやかに過ごします。

私を怖がらせているのは特定の状況や人やモノや場所や動物ではありません。私自身の心です。

私は自分が思っている以上に冷静になれるはずです。

恐怖心を解消するように努めます。私は冷静です。

終わります。

＜まじないの手順＞

1．黒または青（黒は“消去”の色、青は“安らぎ”の色。このまじない

は消去と安らぎがテーマですから、どちらの色も効果的）のロウソクを手でしっかり支えます。
2. ロウソクの芯の周囲に、恐れている対象を文字で彫ります。フルネームでも最初の一文字だけでもかまいません。例えば、飛行機に乗るのが怖いなら、『飛行機』もしくは『飛』と彫ってください。
3. ロウソクを灯し、溶けたロウが彫った文字を覆い隠すまで待ちます（文字はロウソクの側面ではなく、必ず上面に彫ってください）。
4. その間、次の文言を唱えます。

　　　ロウソクは燃え、私の恐怖心も燃えてなくなる
　　　天よ、この声を聞いてください
　　　私を恐怖からお守りください
　　　この祈りをもって儀式を終わります！

5. 最後に心の中で『ありがとうございました』『アーメン』などと唱えて閉式とします。
6. ロウソクの火を消し、魔法陣を解いてください。

タールアッシュ（魂のデトックス）

『タールアッシュ』は私が自分自身とクライアントのために考案したヒーリング法で、潜在意識に働きかけるイメージトレーニング

の一種です。私も含めて、試した人の大半は効果を実感しています。

　タールアッシュという名称はタールとアッシュ（灰）を組み合わせたもの。体の不調や"病んだ気"を黒いタールに見立てます。具体的にはうつ症状や贅肉など心身から排除したいものを指します。そのタールが体の外に出て行く様子をイメージするのです。排出されるタールは最初は真っ黒ですが、徐々に色が薄くなり、灰のようなグレーに変わります。

　その灰がさらに薄く、白っぽくなり、最後は毒素が完全に抜けて白い光だけが体内を流れます。このイメージはパイプのつまりが解消するのと似ているかもしれません。最初に出てくるのは黒っぽいドロドロした水ですが、やがて透明な水になります。

　注：このヒーリング法は従来の医療や代替療法の補助であり、代わりにはなりません。治療目的ではないことを了承してください。

※　必要なアイテムと準備
　魔法陣（下記参照）を描くためのアイテムは自由に選んでください。

⭐　**ロウソク**…黒と白のロウソクを１本ずつ用意。
　魔法陣に着座してから、黒を手前右に、白を手前左に置きます。

⭐　**魔法陣**……最適な陣は円形。
　月まじないのセレモニーは、魔よけとなる円形の魔法陣を描くことから始まります。三角形や正方形の陣を併用する場合は円陣を描いてから、その内側に描いてください。

　詳しい説明は５章にあります。杖、ナイフ、塩など好みのアイテムを使うか、腕をのばし指先を揃えて描いてもいいでしょう。

第 12 章　ヒーリング

✪　　方位………北に向かってまじなうのがもっとも効果的。
　魔法陣の中でこの方位を向いてから用意したアイテムを配置します。

✪　　月相………ベストなタイミングは下弦か晦（つごもり）の時期。

✪　　曜日………月曜、土曜がチャンスです。

▦　オプションのアイテム

　次のアイテムはセレモニーに彩りを添え、精神統一に役立ちますが、必需品ではないので手に入らなくても支障はありません。

✪　　パワーストーン…このまじないにふさわしいのは白水晶。
　ほかに使いたい天然石があれば、魔法陣に着座してから手前に並べてください。

✪　　香…………今回は香を使いません。

✪　　音楽………癒される曲がお勧め。エンヤのナンバーのように
　　　　　　　　ボーカル入りでもかまいません。基本的に心地よく感じる曲
　　　　　　　　であればOKです。

＜タールアッシュを始める前に＞
　・邪魔が入らないことを確認する
　・可能であれば、電話の電源を切る
　・音楽をかける（オプション）

117

・照明を薄暗くする

・手洗い／シャワー／入浴を済ませる

・必要なアイテムを揃えて手近に置く

・魔法陣を描く

・ロウソクを灯す

・天の声が全身に流れるように祈る

＜本番前のシミュレーション＞

1. 魔法陣に着座してから、あるいは魔法陣を描く前に、体の中で
すぐれない部分を具体的にイメージします。その“病んだ気”
を黒いタールに見立ててください。不調な箇所が思い当たらな
いときは、全身に黒いタールがこびりついていると想定します。
事前にタールの所在を特定することが大切です。

2. 体のどこかにタールを排出する場所を空けます。ドア、穴、パ
イプ、排水口など好きな形状をイメージしてください。ここか
ら体の外へタールを排出します。

3. タールの排出方法も自由にイメージしましょう。例えば、沸騰
した鍋のフタを取って蒸気を逃がすように、タールを排出する
のも一案。毒素を出すには体のどこかを開放しなければいけま
せん。

4. タールの排出口は、用が済んだら閉じる必要があります。開け
たドアを閉める、取ったフタを元に戻すなど、閉じ方をイメー
ジします。自分の手で閉じてもいいですし、天使の手や神の手
に代行してもらうことをイメージしてもOKです。

　一連の手順をシミュレーションしたら、本番に入ります。

第12章 ヒーリング

<タールアッシュの手順>

1. 魔法陣に着座し、目を閉じます。2～3分間、深呼吸。気分が
   落ち着いたら、タールの排出口が開く場面をイメージします。
   真っ黒なタールが体の外にゆっくりと出ていくところを思い描
   いてください。このプロセスには時間をかけましょう。あせっ
   てはいけません。体内によどんでいるタールが排出口に向かっ
   て流れ、自然なペースで体の外に出ていく様子を思い描きます。

2. 排出されるタールの色が黒から灰色に変わってきました。それ
   は"病んだ気"が排出されつつある証ですが、まだ一掃された
   わけではありません。タールの色はどんどん薄くなります。そ
   の色の変化をイメージしてください。灰色のタールが体の外へ
   出て行くと、病んでいた部分は空になります。そこを白い光で
   満たしましょう。タールがよどんでいた場所に光が射し込み、
   光があふれます。そして、タールが一掃された体は白光を放ち
   ます。これで全身が新鮮なエネルギーで満たされました。排出
   口を閉じてください。

3. 排出口を閉じたら、しばしリラックスしましょう。最後に『以
   上です。ありがとうございました』と唱えます。

   注：ここまでの所要時間は"病んだ気"の程度によります。重症の場合は
   何度か繰り返さないと、タールの色が変わらないかもしれませんし、軽症
   の場合は1回でタールを一掃できるかもしれません。どのくらい時間をか
   けるべきかは直感で判断してください。

4. 最後に、ロウソクの火を消し、魔法陣を解きます。

119

大切な人の健康と幸せを祈る

✼ 必要なアイテムと準備

魔法陣（下記参照）を描くためのアイテムは自由に選んでください。

✪ 用意するもの
・エレメントウォーター
・エレメントウォーターを入れるボウルまたはグラス
・祈りを捧げる相手の肖像──相手の写真や愛用品、相手が触った名刺やネックレスなど。肖像がないときは、その人のフルネームを書いた紙か簡単な人形を作って代用してください。白水晶も肖像の代わりにできます。

✪ ロウソク…紫、白、茶、ピンクのロウソクを１本ずつ用意。
魔法陣に着座してから用意したロウソクを手前に置きます。左から紫、白、茶、ピンクの順に一列に並べてください。

✪ 魔法陣……最適な陣は円形。
月まじないのセレモニーは、魔よけとなる円形の魔法陣を描くことから始まります。三角形や正方形の陣を併用する場合は円陣を描いてから、その内側に描いてください。

詳しい説明は５章にあります。杖、ナイフ、塩など好みのアイテムを使うか、腕をのばし指先を揃えて描いてもいいでしょう。

第 12 章　ヒーリング

⭐　**方位**………北に向かってまじなうのがもっとも効果的。
　魔法陣の中でこの方位を向いてから用意したアイテムを配置します。

⭐　**月相**………ベストなタイミングは新月か上弦の時期。
　月が満ちていくころに合わせて、相手の健康と幸せが増進するように祈りましょう。

⭐　**曜日**………特に曜日は問いません。

▦　**オプションのアイテム**
　次のアイテムはセレモニーに彩りを添え、精神統一に役立ちますが、必需品ではないので手に入らなくても支障はありません。

⭐　**パワーストーン**…このまじないにふさわしいのはローズクオーツ、ムーンストーン、トパーズ。
　ほかに使いたい天然石があれば、魔法陣に着座してから手前に並べてください。

⭐　**香**…………カモミール、ガーデニア、ペパーミントが好相性。
　香は魔法陣の中の安全なところに置きます。まじないの準備をしながら香りを楽しみたいなら、陣の外で焚き始めてもかまいません。

⭐　**音楽**………軽快で陽気なインストルメンタルがお勧め。基本的に心地よく感じる曲であればOKです。

121

＜月まじないのセレモニーを始める前に＞

・邪魔が入らないことを確認する

・可能であれば、電話の電源を切る

・心和む音楽をかける（オプション）

・照明を薄暗くする

・手洗い／シャワー／入浴を済ませる

・香を焚く（オプション）

・必要なアイテムを揃えて手近に置く

・魔法陣を描く

・ロウソクを灯す

・天の声が全身を流れるように祈る

＜誓いの言葉＞

※魔法陣の中で次の文章を朗読してから本番に入りましょう。

●●●（相手の名前）の無事と多幸を祈ります。

●●●の人生に喜びと実りがありますように。

あなたがどこで何をしていようと、

この祈りは天光とともにあなたの元に届きます。

あなたが神に助けを乞うとき、私はいつもそばにいます。

あなたが私のことをたとえ一瞬でも思い出すとき、

私は必ずそばにいます。

終わります。

＜まじないの手順＞

1．肖像を手前に置き、その上に手を重ねて次の文言を唱えます。

天界のパワーをとおして、
私の存在を今、感じよ
あなたに幸あれ、喜びあれ
この祈りを感じ、この祈りに気づけ
私はここにいる

2. エレメントウォーターを肖像にふりかけます。
3. 最後に心の中で『ありがとうございました』『アーメン』など
と唱えて閉式とします。
4. ロウソクの火を消し、魔法陣を解いてください。
5. 残ったエレメントウォーターは植木にやるか外にまきます。残
りを取り置いてはいけません。外にまくことができない場合は
排水口にゆっくり流し、流れていく水に手をかざしながら『*大
地に帰れ*』と唱えてください。
6. 肖像をどうするかは自由です。すでに役目は果たしましたから、
どんな方法で処分してもかまいません。

第13章　ロマンス

永遠の愛をともに誓う

2人の絆を確かなものにする究極の恋まじない。

どんなカップルでも実践できます。初めて愛を誓うとき、また誓いを新たにしたいときに何度でも役立ててください。

必要なアイテムと準備

魔法陣（下記参照）を描くためのアイテムは自由に選んでください。

⭐ **用意するもの**
- ゴブレットまたはワイングラス一脚
- ワインまたは果汁（血に見立てるので、色は赤のみ）
- ラベンダーオイル
- （髭や爪などを切るのに適した）小さいハサミ
- 封筒一枚
- 15センチくらい（手首に巻ける長さ）のリボン、ひも、糸、革ひもを2本。革ひものブレスレットでも代用できます。革ひもは黒、それ以外は赤か白のものにします。

⭐ ロウソク…ピンク、白、赤のロウソクを1本ずつ用意。

⭐ 魔法陣……最適な陣は円形。

月まじないのセレモニーは、魔よけとなる円形の魔法陣を描くこ

とから始まります。三角形や正方形の陣を併用する場合は円陣を描いてから、その内側に描いてください。

　詳しい説明は5章にあります。杖、ナイフ、塩など好みのアイテムを使うか、腕を伸ばし、指先を揃えて描いてもいいでしょう。

★　**方位**………対面して座り、1人が北、もう1人が南を向くのが
　　　　　　　　もっとも効果的。
　魔法陣の中でこの方位を向いてから、用意したアイテムを手前に配置します。

★　**月相**………ベストなタイミングは満月、新月、上弦の時期。
　月が満ちるころに合わせて、2人の愛も円熟するように祈りましょう。

★　**曜日**………月曜、火曜、木曜、金曜、土曜がチャンスです。

※　**オプションのアイテム**
　次のアイテムはセレモニーに彩りを添え、精神統一に役立ちますが、必需品ではないので手に入らなくても支障はありません。

★　**パワーストーン**…このまじないにふさわしいのはローズクォー
　　　　　　　　　　ツ。
　ほかに使いたい天然石があれば、魔法陣に着座してから手前に並べてください。

★　**香**…………パチョリ、シナモン、ジャスミンが好相性。

香は魔法陣の中の安全なところに置きます。まじないの準備をしながら香りを楽しみたいなら、陣の外で焚き始めてもかまいません。

⭐ 音楽………ロマンチックな曲か、心和むインストルメンタルがお勧め。基本的に心地よく感じる曲であればOKです。

＜月まじないのセレモニーを始める前に＞
・邪魔が入らないことを確認する
・可能であれば、電話の電源を切る
・音楽をかける（オプション）
・照明を薄暗くする
・手洗い／シャワー／入浴を済ませる
・香を焚く（オプション）
・必要なアイテムを揃えて手近に置く
・魔法陣を描く
・天の声が全身を流れるように祈る

＜誓いの言葉＞
※魔法陣の中で次の文章を朗読してから本番に入りましょう。

本日、私たち2人は良いときも試練のときも、お互いを愛し、敬うことを誓います。
この月の下で2人は結ばれ、愛情と理解にあふれた家庭を築くことを誓います。

＜まじないの手順＞

1. 向き合って座り、それぞれ北と南を向きます。どちらがどちら を向いてもかまいません。北を向いているほうが最初にワイ ンを一口飲み、『あなたの喉が渇くことのないように』と唱え、 相手にグラスを渡します。グラスを受け取った人も同じように ワインに口をつけ、『あなたの喉が渇くことのないように』と 唱えます。

2. 2人でロウソクを聖別します。ラベンダーオイルを聖油として 使い、1本ずつ神聖化しましょう。ロウソクの下から上にかけ てオイルをまんべんなく塗りつけてください。

3. ロウソクを灯し、南を向いているほうが先にワインに口をつけ て、『あなたは私のともしび』と唱えます。もう1人も同様にし、 同じ文言を唱えます。

4. お互いに相手の髪を少し切り、切った髪を同じ封筒に入れます （封筒は脇に置いてください）。

5. 北を向いているほうがワインに口をつけ、『2人はひとつになっ た』と唱え、もう1人も同様にします。

6. お互いに相手の手首にひも（糸、リボンなど）を巻きつけます。 どちらが先でもかまいません。南を向いているほうがワインに 口をつけ、『あなたは私と結ばれた』と唱えます。もう1人も 同様にします。

7. キスを交わし、『今夜、2人の愛はひとつになる』と一緒に唱 えます。

8. それぞれが封筒から髪を取り出し、屋外にまきます。まくほど の分量がないなら、切った髪に触れ、天に向けて手をはらいます。

9. 最後に心の中で『ありがとうございました』『アーメン』など

と唱えて閉式とします。
10. ロウソクの火を消し、魔法陣を解いてください。

恋人が欲しい

　一生の伴侶ではなく、気軽なデート相手が欲しいときのまじないです。

※　必要なアイテムと準備
　魔法陣（下記参照）を描くためのアイテムは自由に選んでください。

★　用意するもの
・ペアの紙人形（厚紙を切り抜き、できるだけ見栄えよく作ってください。1体は自分、もう1体は未来の恋人に見立てます）
・パチョリの精油
・紙と筆記用具
・ピンクの封筒1枚

★　ロウソク…黄とピンクのロウソクを1本ずつ用意。
　魔法陣に着座してから、手前左に黄、手前右にピンクを置きます。

★　魔法陣……最適な陣は円形。
　月まじないのセレモニーは、魔よけとなる円形の魔法陣を描くこ

とから始まります。三角形や正方形の陣を併用する場合は円陣を描いてから、その内側に描いてください。

詳しい説明は5章にあります。杖、ナイフ、塩など好みのアイテムを使うか、腕を伸ばし、指先を揃えて描いてもいいでしょう。

★ **方位**………南に向かってまじなうのがもっとも効果的。

魔法陣の中でこの方位を向いてから、用意したアイテムを手前に配置します。

★ **月相**………ベストなタイミングは満月か上弦の時期。

月が満ちるころに合わせて、出会いのチャンスが増えるように祈りましょう。

★ **曜日**………水曜と土曜以外。特に金曜がチャンスです。

※ オプションのアイテム

次のアイテムはセレモニーに彩りを添え、精神統一に役立ちますが、必需品ではないので手に入らなくても支障はありません。

★ **パワーストーン**…このまじないにふさわしいのはローズクォーツ、ピンクトルマリン。

ほかに使いたい天然石があれば、魔法陣に着座してから手前に並べてください。

★ **香**…………ムスク、アンバーグリスが好相性。

香は魔法陣の中の安全なところに置きます。まじないの準備をし

131

ながら香りを楽しみたいなら、陣の外で焚き始めてもかまいません。

★　音楽………心安らぐ曲か官能的な曲がお勧め。例えばアメリカ
　　先住民の民俗音楽やラヴェル作曲『ボレロ』など。基本的に
　　心地よく感じる曲であればOKです。

<月まじないのセレモニーを始める前に>
　・邪魔が入らないことを確認する
　・可能であれば、電話の電源を切る
　・音楽をかける（オプション）
　・照明を薄暗くする
　・手洗い／シャワー／入浴を済ませる
　・香を焚く（オプション）
　・必要なアイテムを揃えて手近に置く
　・魔法陣を描く
　・ロウソクを灯す
　・天の声が全身を流れるように祈る

<誓いの言葉>
　※魔法陣の中で次の文章を朗読してから本番に入りましょう。

まだ結婚するつもりはないのですが、価値観の合う恋人を求めます。
限られた時間のなかで、実りある関係を築くつもりです。
別れのときが来たら、お互いに納得したうえで、それぞれの道を歩
みます。
終わります。

第13章　ロマンス

＜まじないの手順＞

1．紙人形を1体ずつ精油に浸し、1体を南、もう1体を北に向けます。どちらの人形をどちらに向けてもかまいません。直感で決めてください。

2．次の文言を唱えます。

私はあなたを日々、引き寄せる
あなたと出会う、その日まで
2人の時間は短く、終わりがある
それを互いに承知し、ごまかすことはしない
恋人よ、今すぐ現れよ
この呪文が2人を引き合わす！

3．最後に心の中で『ありがとうございました』『アーメン』などと唱えて閉式とします。

4．ロウソクの火を消し、魔法陣を解いてください。ペアの紙人形は同じ部屋の離れたところに置きましょう。どの部屋でもかまいません。

5．このあと9日間かけて、2体の紙人形をだんだん近づけます。9日目には2体をピンクの封筒に入れてください。その際は人形同士をひもかリボンでくくるとよいでしょう。ひも等がない場合は2体を密着させることがポイントですが、ホチキスで留めてはいけません。紙人形を入れた封筒は、恋人が現れるまでベッドのそばに置きます。恋人と別れるときが来たら、紙人形を燃やしてください。これで2人とも出会う前のフリーの状態に戻ります。

133

運命の人と出会うには

　相性ピッタリの運命の相手と出会うための月まじないです。その人には身も心も魂も、あらゆる面で引かれるでしょう。ですがこの世には完璧な人間も、すべての期待にかなう人も存在しませんから、その点は心に留めておいてください。理想のタイプや、出会いのタイミングにはこだわらないこと。それは天の御心に任せましょう。

❋ 必要なアイテムと準備
　魔法陣（下記参照）を描くためのアイテムは自由に選んでください。

★ 用意するもの
・バラの棘を2個——バラの棘が意味するのは"愛の開花と代償"。幸せをつかむには多少の痛みを伴うことがあります。出会いを待つこともそのひとつ。棘はロウソクに刺して使います。途中で折れてしまうといけないので、少し余分に用意してください。

★ ロウソク…ピンクのロウソクを1本用意。

★ 魔法陣……最適な陣は円形。
　月まじないのセレモニーは、魔よけとなる円形の魔法陣を描くことから始まります。三角形や正方形の陣を併用する場合は円陣を描いてから、その内側に描いてください。

第13章　ロマンス

　詳しい説明は5章にあります。杖、ナイフ、塩など好みのアイテムを使うか、腕を伸ばし、指先を揃えて描いてもいいでしょう。

★　**方位**………南に向かってまじなうのがもっとも効果的。
　魔法陣の中でこの方位を向いてから、用意したアイテムを手前に配置します。

★　**月相**………ベストなタイミングは新月か満月の日。

★　**曜日**………木曜、金曜、日曜がチャンスです。

▨　オプションのアイテム

　次のアイテムはセレモニーに彩りを添え、精神統一に役立ちますが、必需品ではないので手に入らなくても支障はありません。

★　**パワーストーン**…このまじないにふさわしいのはローズクォーツ、ピンクトルマリン。
　ほかに使いたい天然石があれば、魔法陣に着座してから手前に並べてください。

★　**香**…………アップルブロッサム、パチョリが好相性。
　香は魔法陣の中の安全なところに置きます。まじないの準備をしながら香りを楽しみたいなら、陣の外で焚き始めてもかまいません。

★　**音楽**………ニューエイジ、クラシック、バロックがお勧め。ハープやフルートのロマンチックなインストルメンタルもいいで

135

しょう。基本的に心地よく感じる曲であればOKです。

＜月まじないのセレモニーを始める前に＞
- ・邪魔が入らないことを確認する
- ・可能であれば、電話の電源を切る
- ・音楽をかける（オプション）
- ・照明を薄暗くする
- ・手洗い／シャワー／入浴を済ませる
- ・香を焚く（オプション）
- ・必要なアイテムを揃えて手近に置く
- ・魔法陣を描く
- ・天の声が全身を流れるように祈る

＜誓いの言葉＞
※魔法陣の中で次の文章を朗読してから本番に入りましょう。

理想の愛を見つけるには辛抱が必要です。
天が優先するのは私の幸せであって、私の予定ではありません。
有望な相手が現れても、その人が本当に運命の人なのかどうかを、
時間をかけて見極めます。
そうでないと分かったときは、無理に関係を続けるのではなく、気
持ちを切り替えす。
そして新たな希望とプライドを胸に抱き、前進します。
終わります。

<まじないの手順>
1．バラの棘をロウソクの芯のそばに刺し、ロウソクを灯します。
2．次の文言を唱えます。

>   月に乞う
>   太陽に乞う
>   2人は必ず結ばれる
>   寒い日も、暑い日も、私は待ち続ける
>   2人が出会うその日まで、2人の唇が重なるその日まで

3．最後に心の中で『ありがとうございました』『アーメン』などと唱えて閉式とします。
4．ロウソクの火を消し、魔法陣を解いてください。

前世での縁を知りたい

自分の前世を知るきっかけになります。

※ 必要なアイテムと準備
魔法陣（下記参照）を描くためのアイテムは自由に選んでください。

★ 用意するもの
・ワインまたは果汁（赤か白）

・ゴブレットまたは専用のグラス

・ローズクォーツの原石か加工品

★　ロウソク…赤、黄、白、ピンクのロウソクを1本ずつ用意。

　魔法陣に着座してからロウソクを、左から赤、黄、白の順番に手前に並べます。

★　魔法陣……最適な陣は三角形。

　月まじないのセレモニーは、魔よけとなる円形の魔法陣を描くことから始まります。三角形や正方形の陣を併用する場合は円陣を描いてから、その内側に描いてください。

　詳しい説明は5章にあります。杖、ナイフ、塩など好みのアイテムを使うか、腕を伸ばし、指先を揃えて描いてもいいでしょう。

★　方位………北に向かってまじなうのがもっとも効果的。

　魔法陣の中でこの方位を向いてから、用意したアイテムを手前に配置します。

★　月相………ベストなタイミングは満月。

　月が満ちる日に、まだ見ぬ相手と出会う願いが満ちるように祈りましょう。

★　曜日………基本的に曜日は問いませんが、特に月曜、火曜、金曜がチャンスです。

第13章　ロマンス

<オプションのアイテム>

次のアイテムはセレモニーに彩りを添え、精神統一に役立ちますが、必需品ではないので手に入らなくても支障はありません。

★　パワーストーン…このまじないにふさわしいのはカーネリアン、
　　　　　　　　　　　ラピスラズリ。

ほかに使いたい天然石があれば、魔法陣に着座してから手前に並べてください。

★　香…………ムスク、ドラゴンズブラッドが好相性。

香は魔法陣の中の安全なところに置きます。まじないの準備をしながら香りを楽しみたいなら、陣の外で焚き始めてもかまいません。

★　音楽………心和むサウンドか、官能的なインストルメンタルがお勧め。アメリカ先住民のドラム、笛、コーラスが入ったロマンチックなサウンドが似合います。基本的に心地よく感じる曲であればOKです。

<月まじないのセレモニーを始める前に>

・邪魔が入らないことを確認する
・可能であれば、電話の電源を切る
・音楽をかける（オプション）
・照明を薄暗くする
・手洗い／シャワー／入浴を済ませる
・香を焚く（オプション）
・必要なアイテムを揃えて手近に置く

・魔法陣を描く

・天の声が全身を流れるように祈る

＜誓いの言葉＞

※魔法陣の中で次の文章を朗読してから本番に入りましょう。

まだ見ぬあなたへ——この月のささやきに耳を傾けてください。
あなたの存在を感じるのに、あなたが誰なのか、どこにいるのかが
分かりません。
あなたに思いをめぐらせています。
私たちはこの世で結ばれる運命にあるのでしょうか。
それとも、この予感は前世の体験で、現世とは無関係なのでしょうか。
あなたはただの幻なのか、それとも実際に存在するのか。
月よ、この私の戸惑いを受け止めてください。
見ず知らずの人が、これほど気になるのはなぜでしょう？
どうして私たちはめぐり合えないのでしょう？
これが運命の恋なら、どうか私たちをこれ以上、離れ離れにしない
でください。
終わります。

＜まじないの手順＞

1. 黄色のロウソクを灯し、『私はここにいます。姿を見せてください』と唱えます。

2. ワイン（果汁）をひと口飲みます。

3. 赤いロウソクを灯し、『この吐息を感じてください』と唱えます。

4. 白いロウソクを灯し、『この光が2人を引き合わせますように』

と唱えます。

5. ローズクォーツを持ち、3本のロウソクの上に順にかざします。くれぐれもやけどに気をつけてください。

6. ローズクォーツを胸に押し当て、目を閉じます。相手の（顔ではなく）シルエットを思い浮かべてください。何も浮かんでこないときは無理にイメージする必要はありません。そのままで結構です。

7. 4本目のピンクのロウソクを灯し、次の文言を唱えます。

私は月を仰ぎ、神秘のパワーに問う
君も、この瞬間、同じ月を見ているか
まだ見ぬ君、言葉を交わしたことのない君
今、私の祈りは放たれ、決して消えることはない

8. 最後に心の中で『ありがとうございました』『アーメン』などと唱えて閉式とします。

9. ロウソクの火を消し、魔法陣を解いてください。

10. 使用したローズクォーツは毎日見える場所に飾っておき、後日どこかでローズクォーツを見かけたら、それを購入して見えない場所にしまっておきましょう——その石を運命の人に贈る日が来ることを願って……。その日が来たとき2個のローズクォーツは仲良く並ぶことになります。

円満に別れたい

この月まじないは新しい一歩を踏み出す力になります。

❄ 必要なアイテムと準備
　魔法陣（下記参照）を描くためのアイテムは自由に選んでください。

★　**用意するもの**
　・ライターまたはマッチ
　・耐火性の容器

★　**ロウソク**…黒のロウソクを1本用意。
　魔法陣に着座してから手前に置きます。

★　**魔法陣**……最適な陣は円形。
　このまじないに最適な陣は円形ですが、今回の陣は反時計回りに描きます（別れる相手と出会う以前に時間を戻すことが狙いです）。
　月まじないのセレモニーは、魔よけとなる円形の魔法陣を描くことから始まります。三角形や正方形の陣を併用する場合は円陣を描いてから、その内側に描いてください。
　詳しい説明は5章にあります。杖、ナイフ、塩など好みのアイテムを使うか、腕を伸ばし、指先を揃えて描いてもいいでしょう。

第13章　ロマンス

★　**方位**………北に向かってまじなうのがもっとも効果的。
　魔法陣の中でこの方位を向いてから、用意したアイテムを手前に
配置します。

★　**月相**………ベストなタイミングは晦、下弦の時期。

★　**曜日**………基本的に曜日は問いませんが、特に土曜、日曜がチャン
　　　　　　　スです。

<オプションのアイテム>
　次のアイテムはセレモニーに彩りを添え、精神統一に役立ちます
が、必需品ではないので手に入らなくても支障はありません。

★　**パワーストーン**…このまじないにふさわしいのはオニキス、オ
　　　　　　　ブシディアン、ジェット。
　ほかに使いたい天然石があれば、魔法陣に着座してから手前に並
べてください。

★　**香**…………ラベンダー、シーダー、柑橘系が好相性。
　香は魔法陣の中の安全なところに置きます。まじないの準備をし
ながら香りを楽しみたいなら、陣の外で焚き始めてもかまいません。

★　**音楽**………コーラスやドラミングが入る曲、またはやさしいリ
　　　　　　　ズムを刻む曲がお勧め。基本的に心地よく感じる曲であれば
　　　　　　　OKです。

143

＜月まじないのセレモニーを始める前に＞

・邪魔が入らないことを確認する

・可能であれば、電話の電源を切る

・音楽をかける（オプション）

・照明を薄暗くする

・手洗い／シャワー／入浴を済ませる

・香を焚く（オプション）

・必要なアイテムを揃えて手近に置く

・魔法陣を描く

・天の声が全身を流れるように祈る

＜誓いの言葉＞

※魔法陣の中で次の文章を朗読してから本番に入りましょう。

私は今、ここで答えを出します。

賢明なる天の導き、内なる声が聞こえます。万物の創造主の存在を感じます。

私は進むべき道を前に、ためらっています。

私は●●●（相手の名前）を愛しましたが、かつての強い絆は消えてしまったと感じています。

弱い心に打ち克ち、決意を行動に移せるように力を貸してください。

私は考え抜いたすえに別れを決めました。

しばし悲しんだあとは希望と情熱を抱いて前を向きます。

今回のことは私自身が成長するためのステップであり、必要不可欠な経験です。

閉じた扉をいつまでも見つめることなく、次に開く扉に目を向けま

す。
終わります。

ここでロウソクに火を灯します。ロウソクの炎を見つめ、炎の中に相手の姿を映し出し、その姿が徐々に小さくなって消えていく様子をイメージします。

＜まじないの手順＞
1．次の文言を唱えます。

> 君の幸せを祈りつつ、君と別れる
> 私は自分の心に従う
> それぞれが別の道を行かなくてはいけない
> 私たちの関係は今日で終わる

2．最後に心の中で『ありがとうございました』『アーメン』などと唱えて閉式とします。
3．ロウソクの火を消し、魔法陣を解いてください。

倦怠期を乗り切るには

倦怠期のカップルに月まじないのスパイスを！

❖ 必要なアイテムと準備

魔法陣（下記参照）を描くためのアイテムは自由に選んでください。

★ 用意するもの

- ・赤のラメパウダー（刺激と情熱のシンボルとして）
- ・パチョリの精油
- ・バニラの精油

注：室内でまじなう場合は、ラメが床やカーペットに付着しないように、厚紙か敷物を用意したほうがいいでしょう。

★ ロウソク…赤のロウソクを2本用意。

魔法陣に着座してから手前に並べます。

★ 魔法陣……最適な陣は円形。

月まじないのセレモニーは、魔よけとなる円形の魔法陣を描くことから始まります。三角形や正方形の陣を併用する場合は円陣を描いてから、その内側に描いてください。

詳しい説明は5章にあります。杖、ナイフ、塩など好みのアイテムを使うか、腕を伸ばし、指先を揃えて描いてもいいでしょう。

★ 方位………南に向かってまじなうのがもっとも効果的。

魔法陣の中でこの方位を向いてから、用意したアイテムを手前に配置します。

★ 月相………ベストなタイミングは満月か上弦の時期。

146

月が満ちるころに合わせて、情熱も満ちるように祈りましょう。

★　**曜日**………水曜と土曜を除けばいつでもOKですが、特に月曜、
　　火曜、木曜、金曜がチャンスです。

※　**オプションのアイテム**
　次のアイテムはセレモニーに彩りを添え、精神統一に役立ちます
が、必需品ではないので手に入らなくても支障はありません。

★　**パワーストーン**…このまじないにふさわしいのはカーネリアン、
　　　　　　　　　　　ローズクォーツ、マラカイト。
ほかに使いたい天然石があれば、魔法陣に着座してから手前に並
べてください。

★　**香**…………アップル、アンバーグリス、ジャスミンが好相性。
　香は魔法陣の中の安全なところに置きます。まじないの準備をし
ながら香りを楽しみたいなら、陣の外で焚き始めてもかまいません。

★　**音楽**………ロマンチックで官能的なインストルメンタルがお勧
　　め。クレッシェンドの効いた曲調なら、さらにいいでしょう。
　　基本的に心地よく感じる曲であればOKです。

<月まじないのセレモニーを始める前に>
　・邪魔が入らないことを確認する
　・可能であれば、電話の電源を切る
　・音楽をかける（オプション）

・照明を薄暗くする

・手洗い／シャワー／入浴を済ませる

・香を焚く（オプション）

・必要なアイテムを揃えて手近に置く

・魔法陣を描く

・天の声が全身を流れるように祈る

<誓いの言葉>

※魔法陣の中で次の文章を朗読してから本番に入りましょう。

ときどき情熱的なスキンシップが欲しくなるのは、人間として当然の欲求です。

今日、私はパートナーとの関係を自ら主導して刺激的なものにします。

そして、イメージチェンジも試みるつもりです。

ふだんよりもセクシーに装い、

ロマンチックで官能的なムードを演出します。

終わります。

<まじないの手順>

1. ロウソクをパチョリとバニラの精油で聖別します。精油をロウソクの下から上にかけて薄く塗りつけ、神聖化できたと感じるまで重ねづけしてください。

2. 聖別したロウソクにラメを軽くまぶします（ほんの少しでOK）。

3. ロウソクを灯し、次の文言を唱えます。

第13章　ロマンス

> *私のことを思うとき、あなたの情熱に火が灯る*
> *情熱の火よ、*
> *強く、大きく、3×3（3の3倍）になって燃えさかれ*
> *私の姿を見るとき、あなたの体は熱くなる*
> *その深い欲望を共に満たそう*

4．最後に心の中で『ありがとうございました』『アーメン』など
　と唱えて閉式とします。
5．ロウソクの火を消し、魔法陣を解いてください。

149

第14章　仕事／キャリア

起業したい(全3回)

❄ 必要なアイテムと準備

魔法陣(下記参照)を描くためのアイテムは自由に選んでください。

✪ 用意するもの
・封筒一枚
・筆記用具
・種3粒——ポピーや草花などの小粒の種

✪ ロウソク…白と緑のロウソクを2本ずつ用意。

用意したロウソクを正方形の陣の(四隅ではなく)四辺に配置してください。東西の辺に白を、南北の辺に緑を置きます。

✪ 魔法陣……最適な陣は正方形。

月まじないのセレモニーは、魔よけとなる円形の魔法陣を描くことから始まります。三角形や正方形の陣を併用する場合は円陣を描いてから、その内側に描いてください。

詳しい説明は5章にあります。杖、ナイフ、塩など好みのアイテムを使うか、腕を伸ばし指先を揃えて描いてもいいでしょう。

✪ 方位………東に向かってまじなうのがもっとも効果的。

魔法陣の中でこの方位を向いてから、用意したアイテムを配置し

第14章　仕事／キャリア

ます。

⭐　月相………ベストなタイミングは新月の日。
　月が徐々に大きくなるころに合わせて、商機が増すように祈りましょう。

⭐　曜日………月曜、火曜、水曜、木曜、土曜がチャンスです。

▨　オプションのアイテム
　次のアイテムはセレモニーに彩りを添え、精神統一に役立ちますが、必需品ではないので手に入らなくても支障はありません。

⭐　パワーストーン…このまじないにふさわしいのは黄水晶。

⭐　香…………ウィステリアが好相性。
　香は魔法陣の中の安全なところに置きます。まじないの準備をしながら香りを楽しみたいなら、陣の外で焚き始めてもかまいません。

⭐　音楽………アメリカ先住民の打楽器が奏でるようなビートの効いた曲がお勧め。基本的に心地よく感じる曲であればOKです。

<月まじないのセレモニーを始める前に>
　・邪魔が入らないことを確認する
　・可能であれば、電話の電源を切る
　・音楽をかける（オプション）

153

- 照明を薄暗くする
- 手洗い／シャワー／入浴を済ませる
- 香を焚く（オプション）
- 必要なアイテムを揃えて手近に置く
- 魔法陣を描く
- 天の声が全身を流れるように祈る

＜誓いの言葉＞

※魔法陣の中で次の文章を朗読してから本番に入りましょう。

独立して成功するには、仕事に対する情熱とモチベーションが欠かせません。

起業するメリット、デメリットを今一度じっくり検討します。

リスクを覚悟で好きな道にまい進すれば、結果はおのずとついてくるはずです。

何かに情熱を注ぐことは天と共に歩むことを意味します。

天命を授かったら、無視するわけにはいきません。

それは天からのダイレクトなメッセージであり、この仕事が天職かどうかを見極める目安になります。

これが自分にとって幸せに続く道だと確信できたら

迷わず突き進み、失敗の可能性は考えません。

ネガティブな思考、怒り、不安、自己憐憫は気の流れを停滞させます。

私は前向きな気持ちで成功の波動に意識を向けます。

終わります。

第 14 章　仕事／キャリア

＜まじないの手順＞

1．ロウソクを灯し、リラックスしたら、封筒に社名を書きます。
　　まだ社名を決めていないなら"私の新会社"と記してください。
2．封筒の中に種を入れて封をします。
3．次の文言を唱えます。

　　　この会社は今ここに誕生する
　　　一年を通じて成長し、繁栄する
　　　いかなる苦労もストレスも私の情熱を奪うことはない
　　　前途は明るい、おまえは今、動き出す

4．最後に心の中で『ありがとうございました』『アーメン』など
　　と唱えて閉式とします。
5．魔法陣にとどまり、この会社を通じて達成したいことに思いを
　　馳せます。
6．それが済んだら、ロウソクの火を消し、魔法陣を解いてください。
7．種を入れた封筒は誤って捨てたりしないように、自宅かオフィ
　　スの安全な場所に保管しましょう。引き出しやキャビネットの
　　中が無難です。
8．3カ月後に封筒を破棄し、このセレモニーをやり直してくださ
　　い。そのときは初回よりも大粒の種（トウモロコシやりんごの種、
　　乾燥豆など）を使います。
9．さらに3カ月たったら、前回よりも大粒の種（カボチャやヒマワ
　　リの種など）を使いましょう。これで全3回のセレモニーが完
　　結します。

155

就活がうまくいくように

❋ 必要なアイテムと準備
　魔法陣（下記参照）を描くためのアイテムは自由に選んでください。

★ **用意するもの**
　・木製のスプーン、箸、アイスキャンディの棒、マドラーなど
　・ハーブ４種――シナモン、バジル、ジンジャー、クローブ。種類別に容器か封筒に入れてください。

★ **ロウソク**…黄、緑、オレンジ、白のロウソクを１本ずつ用意。
　用意したロウソクを正方形の陣の（四隅ではなく）四辺に配置してください。東の辺に黄、北に緑、南にオレンジ、西に白を置きます。

★ **魔法陣**……最適な陣は正方形。
　月まじないのセレモニーは、魔よけとなる円形の魔法陣を描くことから始まります。三角形や正方形の陣を使う場合は円陣を描いてから、その内側に描いてください。
　詳しい説明は５章にあります。杖、ナイフ、塩など好みのアイテムを使うか、腕をのばし指先を揃えて描いてもいいでしょう。

★ **方位**………東に向かってまじなうのがもっとも効果的。
　魔法陣の中でこの方位を向いてから、用意したアイテムを配置し

ます。

⭐　月相………ベストなタイミングは新月か上弦の時期。
　月が満ちていくころに合わせて、就職のチャンスが増えるように祈りましょう。

⭐　曜日………金曜以外なら、いつでもOKです。

※　**オプションのアイテム**
　次のアイテムはセレモニーに彩りを添え、精神統一に役立ちますが、必需品ではないので手に入らなくても支障はありません。

⭐　パワーストーン…このまじないにふさわしいのはアジュライト。
　ほかに使いたい天然石があれば、魔法陣に着座してから手前に置くか直感で良いと思った位置に並べてください。

⭐　香…………ヘリオトロープ、ウィステリアが好相性。
　香は魔法陣の中の安全なところに置きます。まじないの準備をしながら香りを楽しみたいなら、陣の外で焚き始めてもかまいません。

⭐　音楽………ワイルドでビートの効いた曲がお勧め。基本的に心
　　　　　　地よく感じる曲であればOKです。

<月まじないのセレモニーを始める前に>
　　・邪魔が入らないことを確認する
　　・可能であれば、電話の電源を切る

・音楽をかける（オプション）

・照明を薄暗くする

・手洗い／シャワー／入浴を済ませる

・香を焚く（オプション）

・必要なアイテムを揃えて手近に置く

・魔法陣を描く

・天の声が全身に流れるように祈る

＜誓いの言葉＞

※魔法陣の中で次の文章を朗読してから本番に入りましょう。

私は変化を願っています。

今後訪れるチャンスを逃さないように、私に鮮明なビジョンを示してください。

才能だけで成功できるとは思っていません。

意志の強さも実力のうちです。

私は内なる声に耳を傾け、従います。

ひとつの方法がうまくいかないときは、それを"天からのメッセージ"ととらえ、別の方法でチャレンジします。

そのためにも私に力を貸してください。

天地のパワーと共に新境地を開拓します。

次の月期には就職先が決まったことを報告し、感謝できますように。

終わります。

＜まじないの手順＞

1. 魔法陣の中央に座ってリラックスします。

2．4本のロウソクに火を灯します。緑のロウソクから時計回りに1本ずつ灯してください。
3．4種のハーブをボウルに入れ（入れる順番は問いません）、スプーン（マドラー、箸など）で混ぜ合わせ、ボウルを脇に置きます。
4．次の文言を唱えてください。

> *私は変える*
> *人生を好転させる*
> *幸運も強運も私の味方*
> *早く来い、今すぐ来い！*

5．屋外にいるなら、その場で立ち上がり、ボウルに入れたハーブをまきます。室内にいる場合はロウソクの火を消し、魔法陣を解いてから20分以内に外に出てハーブをまいてください。部屋の窓から外にまいてもいいでしょう。
6．まき終わったら、『私の祈りは天に向かって放たれた』と唱えます。
7．最後に心の中で『ありがとうございました』『アーメン』などと唱えて閉式とします。

リストラに遭ったら

※ 必要なアイテムと準備

魔法陣（下記参照）を描くためのアイテムは自由に選んでください。

★ 用意するもの

・以前の職場や肩書きを象徴し、かつ燃やせるもの（名刺や社名入りの便箋など。電話帳の企業広告のページを破ってもOKです。何も手元にない場合は、白紙に社名や役職名を書く）

・耐火性の容器

・ライターまたはマッチ

★ ロウソク…白、黒、シルバー（グレー）のロウソクを１本ずつ用意。

　魔法陣に着座してから用意したロウソクを、自分の周囲を三角に囲むように配置します。手前に白、後ろ左に黒、後ろ右にシルバー（グレー）を置いてください。

★ 魔法陣……最適な陣は円形。

　月まじないのセレモニーは、魔よけとなる円形の魔法陣を描くことから始まります。三角形や正方形の陣を併用する場合は円陣を描いてから、その内側に描いてください。

　詳しい説明は５章にあります。杖、ナイフ、塩など好みのアイテムを使うか、腕をのばし指先を揃えて描いてもいいでしょう。

★ 方位………西に向かってまじなうのがもっとも効果的。

　魔法陣の中でこの方位を向いてから、用意したアイテムを配置します。

★ 月相………ベストなタイミングは晦か下弦の時期。

★ 曜日………火曜、水曜、木曜、土曜がチャンスです。

第 14 章　仕事／キャリア

❈　オプションのアイテム

　次のアイテムはセレモニー彩りを添え、精神統一に役立ちますが、必需品ではないので手に入らなくても支障はありません。

★　パワーストーン…このまじないにふさわしいのは銀。

　ほかに使いたい天然石があれば、魔法陣に着座してから手前に並べるか直感で良いと思った位置に置いてください。

★　香…………セージが好相性。

　香は魔法陣の中の安全なところに置きます。まじないの準備をしながら香りを楽しみたいなら、陣の外で焚き始めてもかまいません。

★　音楽………クラシック、ニューエイジ、環境音楽がお勧め。基本的に心地よく感じる曲であればOKです。

<月まじないのセレモニーを始める前に>
　・邪魔が入らないことを確認する
　・可能であれば、電話の電源を切る
　・音楽をかける（オプション）
　・照明を薄暗くする
　・手洗い／シャワー／入浴を済ませる
　・香を焚く（オプション）
　・必要なアイテムを揃えて手近に置く
　・魔法陣を描く
　・天の声が全身を流れるように祈る

161

<誓いの言葉>

※魔法陣の中で次の文章を朗読してから本番に入りましょう。

私は職を失いましたが、在職中はいい経験ができました。

この出来事を成長の糧にし、ステップアップにつなげます。

ネガティブな考えは引きずりません。

これからは新天地を得て活躍することにエネルギーを使います。

私は被害者意識をもったり、自分をあわれんだりしません。

愚痴をこぼして同情を買おうとも思いません。

せっかく授かった機会ですから、自分を成長させることに生かします。

自然界には山も谷もあり、谷の次はすぐに山が来ます。

私は希望と熱意をもって、次のチャンスを狙っていきます。

天に感謝します。

成功と多幸の気を送ってください。

終わります。

<まじないの手順>

1. 魔法陣に着座し、黒のロウソクから時計回りにロウソクを灯します。パワーストーンを持ち込んだ場合は直感で配置を決めてください。
2. 用意した紙類を耐火性の容器に入れ、もとの職場や肩書きの代わりとして燃やします。
3. 次の文言を唱えてください。

　　この職を手放す、もう役目はすんだ

これから新しい人生が始まる
　　まもなく灰の中から不死鳥が飛び立つ
　　次の満月を待つ

4．最後に心の中で『ありがとうございました』『アーメン』などと唱えて閉式とします。
5．ロウソクの火を消し、魔法陣を解いてください。

昇進、昇給を願って

※　必要なアイテムと準備
　魔法陣（下記参照）を描くためのアイテムは自由に選んでください。

☆　**用意するもの**
　・10セント硬貨9枚

☆　**ロウソク**…黄、緑、白のロウソクを1本ずつ用意。
　魔法陣に着座してから用意したロウソクを手前に置きます。左から黄、緑、白の順に一列に並べてください。

☆　**魔法陣**……最適な陣は正方形。
　月まじないのセレモニーは、魔よけとなる円形の魔法陣を描くことから始まります。三角形や正方形の陣を併用する場合は円陣を描

いてから、その内側に描いてください。

　詳しい説明は5章にあります。杖、ナイフ、塩など好みのアイテムを使うか、腕をのばし指先を揃えて描いてもいいでしょう。

★　**方位**………東に向かってまじなうのがもっとも効果的。

　魔法陣の中でこの方位を向いてから、用意したアイテムを配置します。

★　**月相**………ベストなタイミングは上弦の時期。

　月が満ちるころに合わせて、昇進・昇給のチャンスが大きくなるように祈りましょう。

★　**曜日**………金曜以外なら、いつでもOKです。

🪟　オプションのアイテム

　次のアイテムはセレモニーに彩りを添え、精神統一に役立ちますが、必需品ではないので手に入らなくても支障はありません。

★　**パワーストーン**…このまじないにふさわしいのはペリドット、
　　　　　　　　　　　　ブラッドストーン。

★　**香**…………スプルースが好相性。

　香は魔法陣の中の安全なところに置きます。まじないの準備をしながら香りを楽しみたいなら、陣の外で焚き始めてもかまいません。

★　**音楽**………フルート、ハープ、ドラムの演奏をメインにした明

るい曲がお勧め。基本的に心地よく感じる曲であればOKです。

<月まじないのセレモニーを始める前に>
・邪魔が入らないことを確認する
・可能であれば、電話の電源を切る
・音楽をかける（オプション）
・照明を薄暗くする
・手洗い／シャワー／入浴を済ませる
・香を焚く（オプション）
・必要なアイテムを揃えて手近に置く
・魔法陣を描く
・天の声が全身を流れるように祈る

<誓いの言葉>
※魔法陣の中で次の文章を朗読してからまじないに入りましょう。

今日、私は月の強力な波動をとおして天に協力を乞います。
日ごろの努力と忍耐が報われますように。
そう願うのは強欲からではなく、勤労が正当に評価されるべきだと
考えるからです。
でも今の自分の状況を考えると、労働に見合った対価を得られてい
ません。
そのアンバランスな状況が9日以内に正されることを願います。
もし期待どおりの結果が得られなかったら、
もう一度現状を見直し、別のアプローチを試みます。

月のパワーが私の願いを包み込み、

この祈りを受け止めてくれたと感じています。

天の子である私は、天の加護を受けられるものと確信しています。

終わります。

<まじないの手順>

1．緑以外のロウソクを灯します。

2．緑のロウソクの周囲に9枚のコインを並べ、緑のロウソクを灯します。

3．次の文言を唱えてください。

　　　合言葉は3×3（3の3倍）

　　　私の収入は確実にアップする

　　　少なからず、遅からず

　　　9日以内に結果は出る

4．最後に心の中で『ありがとうございました』『アーメン』などと唱えて閉式とします。

5．ロウソクの火を消し、魔法陣を解いてください。

6．今後9日間の社内の動きに注目しましょう。

第15章　女性向けのまじない

そして、あなたは神秘の迷宮に分け入った
夢中で、笑顔で、確かな足どりで
まぜる、味見する、さじ加減する
まるで儀式を営むように、正確に……
　　　　　——ジャン・スター・アンターマイアー（アメリカの詩人）

女性の悩みや心情は女同士にしか分からないと思うことがよくあります。一般的に、女性は男性に比べて感情表現が豊かです。また女性のほうが思いつめやすく、良くも悪くも結論を急ぐ傾向も見られます。自分に嫌気が差したとき、"私は何をやってもダメな人間だ"と決めつけてしまうと、現実もそのとおりになりますから、注意が必要でしょう。月まじないは気の乱れを特定し、整え、意識と潜在意識が同じメッセージを共有するように促します。

子どもが欲しい

❋　必要なアイテムと準備
　魔法陣（下記参照）を描くためのアイテムは自由に選んでください。

⭐　**用意するもの**
- ポピー、セージ、エキナセア（各ハーブは種類ごとに容器か封筒に入れてください）
- 巾着袋
- 豊穣と多産を象徴するユニコーン（一角獣）の肖像（フィギュア、イラストなど）

⭐　**ロウソク**…黄、赤、ピンクのロウソクを１本ずつ用意。
　魔法陣に着座してから用意したロウソクを手前に置きます。左か

ら黄、赤、ピンクの順に一列に並べてください。

✪　魔法陣……最適な陣は円形。
　月まじないのセレモニーは、魔よけとなる円形の魔法陣を描くことから始まります。三角形や正方形の陣を併用する場合は円陣を描いてから、その内側に描いてください。
　詳しい説明は5章にあります。杖、ナイフ、塩など好みのアイテムを使うか、腕をのばし指先を揃えて描いてもいいでしょう。

✪　方位………西に向かってまじなうのがもっとも効果的。
　魔法陣の中でこの方位を向いてから、用意したアイテムを配置します。

✪　月相………ベストなタイミングは満月か上弦の時期。
　月が満ちるころに合わせて、子宝を授かるチャンスが増えるように祈りましょう。

✪　曜日………水曜以外なら、いつでもOKです。

※　オプションのアイテム
　次のアイテムはセレモニーに彩りを添え、精神統一に役立ちますが、必需品ではないので手に入らなくても支障はありません。

✪　パワーストーン…このまじないにふさわしいのはローズクォーツ、トルコ石。
　ほかに使いたい天然石があれば、魔法陣に着座してから手前に並

べてください。

⭐　香…………ヒアシンス、ミルラ、パインが好相性。
　香は魔法陣の中の安全なところに置きます。まじないの準備をしながら香りを楽しみたいなら、陣の外で焚き始めてもかまいません。

⭐　音楽………おだやかで心が落ち着く瞑想向きのBGMがお勧め。基本的に心地よく感じる曲であればOKです。

<月まじないのセレモニーを始める前に>
　・邪魔が入らないことを確認する
　・可能であれば、電話の電源を切る
　・音楽をかける（オプション）
　・照明を薄暗くする
　・手洗い／シャワー／入浴を済ませる
　・香を焚く（オプション）
　・必要なアイテムを揃えて手近に置く
　・魔法陣を描く
　・ロウソクを灯す
　・天の声が全身を流れるように祈る

<誓いの言葉>
　※魔法陣の中で次の文章を朗読してから本番に入りましょう。

　この輪の中心から、子供を授かりますように祈ります。
　私の愛がまだ見ぬ我が子に届き、その全身を包み込みますように。

無償の愛に包まれた我が子が健やかに幸せに成長する姿が見えます。

この輪のパワーで私を強く元気な母親にしてください。

この体に宿る我が子が、無事に現世に誕生しますように。

終わります。

＜まじないの手順＞

１．３種のハーブを１種類ずつ巾着袋に入れます。入れる順番は問いません。

２．巾着袋をお腹に当て、子供を宿した自分を数秒間イメージします（子供の性別は考えないでください）。

３．巾着袋をユニコーンの肖像の前に置き、次の文言を唱えます。

　　　　この月の光を受けて命は育つ

　　　　子は私のそばにいる

　　　　幸せに、健やかに、たくさんの恵みを受けて

　　　　私はこの子をこの腕に抱く

４．最後に『ありがとうございました』『アーメン』などと唱えて閉式とします。

５．ロウソクの火を消し、魔法陣を解いてください。

６．毎晩ベッドに入ったら、巾着袋をお腹の上に置き、妊娠した自分をイメージします。これを９日間、続けてください。妊娠したあとも巾着袋は出産するまで保管しましょう。

安産祈願

❋ 必要なアイテムと準備
魔法陣（下記参照）を描くためのアイテムは自由に選んでください。

★ 用意するもの
・エレメントウォーター
・エレメントウォーターを入れるカップ（カップは多産と母性のシンボルですから、この場合は大きめのカップが理想的）

★ ロウソク…青、ピンク、オレンジのロウソクを１本ずつ用意。
魔法陣に着座してから用意したロウソクを手前に置きます。
左から青、ピンク、オレンジの順に一列に並べてください。

★ 魔法陣……最適な陣は円形。
月まじないのセレモニーは、魔よけとなる円形の魔法陣を描くことから始まります。三角形や正方形の陣を併用する場合は円陣を描いてから、その内側に描いてください。

詳しい説明は５章にあります。杖、ナイフ、塩など好みのアイテムを使うか、腕をのばし指先を揃えて描いてもいいでしょう。

★ 方位………南に向かってまじなうのがもっとも効果的。
魔法陣の中でこの方位を向いてから、用意したアイテムを配置し

ます。

⭐ **月相**………ベストなタイミングは満月、新月、上弦の時期。

月が満ちるころに合わせて、安産の確率も増えるように祈りましょう。

⭐ **曜日**………特に曜日は問いません。

❋ オプションのアイテム

次のアイテムはセレモニーに彩りを添え、精神統一に役立ちますが、必需品ではないので手に入らなくても支障はありません。

⭐ **パワーストーン**……このまじないにふさわしいのはローズクォーツ、トルコ石、白水晶。

ほかに使いたい天然石があれば、魔法陣に着座してから手前に並べてください。

⭐ **香**…………ローズ、オレンジが好相性。

香は魔法陣の中の安全なところに置きます。まじないの準備をしながら香りを楽しみたいなら、陣の外で焚き始めてもかまいません。

⭐ **音楽**………おだやかで心が落ち着くBGMがお勧め。子守唄のようにヒーリング効果のあるサウンドがいいでしょう。基本的に心地よく感じる曲であればOKです。

<月まじないのセレモニーを始める前に>
　・邪魔が入らないことを確認する
　・可能であれば、電話の電源を切る
　・音楽をかける（オプション）
　・照明を薄暗くする
　・手洗い／シャワー／入浴を済ませる
　・香を焚く（オプション）
　・必要なアイテムを揃えて手近に置く
　・魔法陣を描く
　・ロウソクを灯す
　・天の声が全身を流れるように祈る

<誓いの言葉>
　※魔法陣の中で次の文章を朗読してから本番に入りましょう。

　　私の心は神聖な愛であふれています。
　　生まれ来る子の幸せと明るい未来を願う気持ちは、
　　この体を通じて我が子に届くでしょう。
　　天の御加護と導きを受けて、
　　この新しい命が無事に誕生しますように。
　　終わります。

<まじないの手順>
１．エレメントウォーターに両手を浸します。
２．両手を腹部に直接当て、次の文言を唱えます。

この星のあらゆる恵みを一身に受け
　　　君の魂は時空を超えて現れる
　　　生きる喜びをかみしめ、元気で、初々しい
　　　私の祈りは言葉どおりに真実になる

3．最後に心の中で『ありがとうございました』『アーメン』などと唱えて閉式とします。
4．ロウソクの火を消し、魔法陣を解いてください。
5．残ったエレメントウォーターは植木にやるか外にまきます。外にまくことができない場合は排水口にゆっくり流し、流れていく水に手をかざしながら『大地に帰れ』と唱えてください。

人生を愛で満たすには

❄ 必要なアイテムと準備
　魔法陣（下記参照）を描くためのアイテムは自由に選んでください。

⭐ **用意するもの**
　・好きな花の花束（生花がいちばんですが、清潔な造花でもOK）

⭐ **ロウソク…ピンクのロウソクを１本用意。**
　魔法陣に着座してから手前に置きます。

✪ **魔法陣**……最適な陣は円形。

月まじないのセレモニーは、魔よけとなる円形の魔法陣を描くことから始まります。三角形や正方形の陣を併用する場合は円陣を描いてから、その内側に描いてください。

詳しい説明は5章にあります。杖、ナイフ、塩など好みのアイテムを使うか、腕をのばし指先を揃えて描いてもいいでしょう。

✪ **方位**………南に向かってまじなうのがもっとも効果的。

魔法陣の中でこの方位を向いてから、用意したアイテムを配置します。

✪ **月相**………ベストなタイミングは満月、新月、上弦の時期。

月が満ちるころに合わせて、愛が満ちるように祈りましょう。

✪ **曜日**………火曜、金曜、土曜、日曜がチャンスです。

※ オプションのアイテム

次のアイテムはセレモニーに彩りを添え、精神統一に役立ちますが、必需品ではないので手に入らなくても支障はありません。

✪ **パワーストーン**…このまじないにふさわしいのはローズクォーツ、カーネリアン、白水晶。

ほかに使いたい天然石があれば、魔法陣に着座してから手前に並べてください。

✪ **香**……………ムスク、ミルラ、ローズ、パインが好相性。

香は魔法陣の中の安全なところに置きます。まじないの準備をし
ながら香りを楽しみたいなら、陣の外で焚き始めてもかまいません。

⭐ 音楽………スローテンポの穏やかな瞑想向けのBGMがお勧め。
　　基本的に心地よく感じる曲であればOKです。

＜月まじないのセレモニーを始める前に＞
　・邪魔が入らないことを確認する
　・可能であれば、電話の電源を切る
　・音楽をかける（オプション）
　・照明を薄暗くする
　・手洗い／シャワー／入浴を済ませる
　・香を焚く（オプション）
　・必要なアイテムを揃えて手近に置く
　・魔法陣を描く
　・ロウソクを灯す
　・天の声が全身を流れるように祈る

＜誓いの言葉＞
　※魔法陣の中で次の文章を朗読してから本番に入りましょう。

私の周囲にあふれる愛を思うと、自然と元気になります。
人から受ける愛もあれば、人に与える愛もあります。
さらなる愛を歓迎し、さらなる愛を施すつもりです。
私は、孤独のときも支えがあるときも、同じように愛し、愛されて
います。

私は花を愛で、木々を愛で、自然のすべてをいつくしみます。

無償の愛を注いでくださる天を敬愛します。

私は持って生まれた女性の本能を大切にします。

その本能に耳を傾ければ天は必ず応えてくれます。

私は他界した人々に愛されています。今も私を導き、支えてくれます。

愛は、弱った私を救ってくれる万能薬です。

終わります。

＜まじないの手順＞

１．次の文言を唱えます。

　　　心癒すせせらぎのように

　　　愛がいつまでも流れてきますように

　　　愛のせせらぎは知恵と知識を運んでくる

　　　毎分、毎秒、絶え間なく

　　　私は女性のパワーを引き寄せよう

２．最後に心の中で『ありがとうございました』『アーメン』など
　　と唱えて閉式とします。

３．ロウソクの火を消し、魔法陣を解いてください。

第16章　男性向けのまじない

正真正銘の善人になることが、健全な精神と健全な肉体を維持するための特効薬だ。

　　　　　——フランシス・ボーエン（アメリカの哲学者）

女性を支援する団体や活動は数多くあっても、男性をサポートするグループはぐっと少なくなります。男は万能で、強靭、冷静でなければいけないと考える向きもあるようですが、それは不可能と言わざるを得ません。それに男性には選択の余地がない場合もあります。女性の場合、親になるかならないかを決める権利は法律で認められています。しかし、男性はそうではありません。女性が出産を決めたら、男性は自分の意向に関係なく、生まれてくる子どもの父親になります。

　最初に紹介する月まじないは、子どもを望み、多少なりとも子育てに興味がある男性に向けたものです。しかし、だからといって、そうでない男性を差別するつもりはありません。どちらの考えも理解できます。

　２番目は情操を豊かにし、人間関係を円滑にするまじないですから、すべての男性にお勧めします。

良き父親になるために

❋　必要なアイテムと準備
　魔法陣（下記参照）を描くためのアイテムは自由に選んでください。

★　ロウソク…ピンクのロウソクを１本用意。
　魔法陣に着座してから手前に置きます。

✪ **魔法陣**……最適な陣は円形。

月まじないのセレモニーは、魔よけとなる円形の魔法陣を描くことから始まります。三角形や正方形の陣を併用する場合は円陣を描いてから、その内側に描いてください。

詳しい説明は5章にあります。杖、ナイフ、塩など好みのアイテムを使うか、腕をのばし指先を揃えて描いてもいいでしょう。

✪ **方位**………南に向かってまじなうのがもっとも効果的。

魔法陣の中でこの方位を向いてから、用意したアイテムを配置します。

✪ **月相**………ベストなタイミングは満月、新月、上弦の時期。

月が満ちるころに合わせて、好機が満ちるように祈りましょう。

✪ **曜日**………火曜、金曜、土曜、日曜がチャンスです。

▨ **オプションのアイテム**

次のアイテムはセレモニーに彩りを添え、精神統一に役立ちますが、必需品ではないので手に入らなくても支障はありません。

✪ **パワーストーン**…このまじないにふさわしいのはローズクォーツ、カーネリアン。

ほかに使いたい天然石があれば、魔法陣に着座してから手前に並べてください。

✪ **香**…………ローズマリー、ライラック（リラ）が好相性。

香は魔法陣の中の安全なところに置きます。まじないの準備をしながら香りを楽しみたいなら、陣の外で焚き始めてもかまいません。

★ 音楽………竹笛（バンブーフルート）やパンフルートの音色を含んだインストルメンタルがお勧め。基本的に心地よく感じる曲であればOKです。

<月まじないのセレモニーを始める前に>
　・邪魔が入らないことを確認する
　・可能であれば、電話の電源を切る
　・音楽をかける（オプション）
　・照明を薄暗くする
　・手洗い／シャワー／入浴をすませる
　・香を焚く（オプション）
　・必要なアイテムを揃えて手近に置く
　・魔法陣を描く
　・ロウソクを灯す
　・天の声が全身を流れるように祈る

<誓いの言葉>
　※魔法陣の中で次の文章を朗読してから本番に入りましょう。

私は父親として子どもに時間を割き、子どもに関心を向けることを肝に命じます。
我が子に寂しい思いをさせたくありません。
それが難しいときもありますが、

日ごろの経験が子どもの血となり肉となります。

私と過ごす時間は愛情や優しさに触れてほしい。

私の大切な役目は子どもがのびのびと自己表現できるように、

そして自信をもてるように励ますことです。

私は子どもを型にはめず、ありのままの姿を愛します。

どんなに小さなことでもほめてやるつもりです。

時間をかけ、支えてやることが

子どもに多くを与えることになります。

私の代わりは誰もいません。

終わります。

＜まじないの手順＞

1．次の文言を唱えます。

　　　父親は私　私は父親

　　　子どもへの理解と愛情が心の底からあふれ出す

　　　天に乞う

　　　この親心、この思いが我が子に届くように

2．目を閉じ、子どもの笑顔や明るく元気な姿を思い浮かべます。

3．最後に心の中で『ありがとうございました』『アーメン』など
　　と唱えて閉式とします。

4．ロウソクの火を消し、魔法陣を解いてください。

心豊かに生きる

※ 必要なアイテムと準備

魔法陣（下記参照）を描くためのアイテムは自由に選んでください。

✪ **ロウソク**…ピンクのロウソクを1本用意。

魔法陣に着座してから手前に置きます。

✪ **魔法陣**……最適な陣は円形。

月まじないのセレモニーは、魔よけとなる円形の魔法陣を描くことから始まります。三角形や正方形の陣を併用する場合は円陣を描いてから、その内側に描いてください。

詳しい説明は5章にあります。杖、ナイフ、塩など好みのアイテムを使うか、腕をのばし指先を揃えて描いてもいいでしょう。

✪ **方位**………南に向かってまじなうのがもっとも効果的。

魔法陣の中でこの方位を向いてから、用意したアイテムを配置します。

✪ **月相**………ベストなタイミングは満月、新月、上弦の時期。

月が満ちるころに合わせて、心も豊かになるように祈りましょう。

✪ **曜日**………火曜、金曜、土曜、日曜がチャンスです。

❋ オプションのアイテム

次のアイテムはセレモニーに彩りを添え、精神統一に役立ちますが、必需品ではないので手に入らなくても支障はありません。

⭐ **パワーストーン**…このまじないにふさわしいのはローズクォーツ、カーネリアン、白水晶。

ほかに使いたい天然石があれば、魔法陣に着座してから手前に並べてください。

⭐ **香**…………ローズマリー、ライラック（リラ）が好相性。

香は魔法陣の中の安全なところに置きます。まじないの準備をしながら香りを楽しみたいなら、陣の外で焚き始めてもかまいません。

⭐ **音楽**………竹笛（バンブーフルート）やパンフルートの音色を含んだインストルメンタルがお勧め。基本的に心地よく感じる曲であればOKです。

<月まじないのセレモニーを始める前に>

・邪魔が入らないことを確認する
・可能であれば、電話の電源を切る
・音楽をかける（オプション）
・照明を薄暗くする
・手洗い／シャワー／入浴をすませる
・香を焚く（オプション）
・必要なアイテムを揃えて手近に置く
・魔法陣を描く

・ロウソクを灯す

・天の声が全身を流れるように祈る

＜誓いの言葉＞

※魔法陣の中で次の文章を朗読してから本番に入りましょう。

愛情は与えるぶんだけ返ってきます。

けれども、私が人を思いやるのは見返りを期待するからではありません。

人のために時間と労力を使うことに喜びを感じるからです。

私は人の長所、短所を積極的に受け入れます。

私の大切な人たち、私を大切にしてくれる人たちのことを、ただ気にかけているだけでは何もならないし、何も伝わりません。

だからその人たちの幸せを祈り、感謝を伝えることにしました。

そのほうが私の気持ちがダイレクトに届くでしょう。

悲しいとき、つらいときに涙を流すのは恥ずかしいことではありません。

むしろ感情を発散する方法として誰もが利用するべきだと思います。

誰かを愛すればこそ、そういう感情も起きるのです。

愛があるから、より高い目標に向けて前進できます。

私の行く道は人とは違うかもしれません。

それでも愛と光を感じて歩けば、誰かの愛と光になれるはずです。

＜まじないの手順＞

1．次の文言を唱えます。

天に輝く月の光が

昼も夜も愛の居場所を照らし出す

この愛を胸に抱き、肌に感じる

愛は私を守ってくれる、恐れることは何もない

2．最後に心の中で『ありがとうございました』『アーメン』など
と唱えて閉式とします。

3．ロウソクの火を消し、魔法陣を解いてください。

第17章 天界との交信

祈りは宇宙の扉を開ける鍵。人は気、地、天に通じる何かを秘めている。
　　　　——サミュエル・マコード・クロザーズ（アメリカの牧師）

このテーマは私の一番のお気に入りです。天界との交信は常に神秘的で教わることがたくさんあります。"祈りとは願うこと、瞑想とは傾聴すること"といいますが、まじないとは願い、傾聴し……そして営むこと。発信、受信、実行の三拍子が揃っているのです。

　もし本書の月まじないのなかで「ひとつだけ勧めてください」と言われたら、『天のメッセージを聞きたい』を挙げるでしょう。そのメッセージにすべての答えがあるかもしれません。

私は何のために生まれてきたの？

※　必要なアイテムと準備
　魔法陣（下記参照）を描くためのアイテムは自由に選んでください。

✪　用意するもの
　・小粒の白水晶とアメジスト
　・上記のパワーストーンを入れる巾着袋（ハンカチや布でも代用できます。まだ何も入れないでください）

✪　ロウソク…紫のロウソクを１本用意。
魔法陣に着座してから手前に置きます。

✪　魔法陣……最適な陣は円形または三角形。
月まじないのセレモニーは、魔よけとなる円形の魔法陣を描くこ

とから始まります。三角形や正方形の陣を併用する場合は円陣を描いてから、その内側に描いてください。

詳しい説明は5章にあります。杖、ナイフ、塩など好みのアイテムを使うか、腕を伸ばし、指先を揃えて描いてもいいでしょう。

⭐ **方位**………東に向かってまじなうのがもっとも効果。

魔法陣の中でこの方位を向いてから、用意したアイテムを配置します。

⭐ **月相**………ベストなタイミングは満月か上弦の時期。

月が満ちるころに合わせて、天からの啓示が増えるように祈りましょう。

⭐ **曜日**………月曜、木曜、日曜がチャンスです。

❊ オプションのアイテム

次のアイテムはセレモニーに彩りを添え、精神統一に役立ちますが、必需品ではないので手に入らなくても支障はありません。

⭐ **パワーストーン**…このまじないにふさわしいのは白水晶、アメジスト。

ほかに使いたい天然石があれば、魔法陣に着座してから手前に並べてください。

⭐ **香**…………フランキンセンス（乳香）、スイートグラス、セージが好相性。

香は魔法陣の中の安全なところに置きます。まじないの準備をしながら香りを楽しみたいなら、陣の外で焚き始めてもかまいません。

★　音楽………穏やかで瞑想に適したインストルメンタルがお勧め。基本的に心地よく感じる曲であればOKです。

<月まじないのセレモニーを始める前に>
　・邪魔が入らないことを確認する
　・可能であれば、電話の電源を切る
　・音楽をかける（オプション）
　・照明を薄暗くする
　・手洗い／シャワー／入浴を済ませる
　・香を焚く（オプション）
　・必要なアイテムを揃えて手近に置く
　・魔法陣を描く
　・ロウソクを灯す
　・天の声が全身を流れるように祈る

<誓いの言葉>
　※魔法陣の中で次の文章を朗読してから本番に入りましょう。

私は神々しい月の光を受けながら、少しはがゆい思いで問いかけます。
私はどうしてここにいるのか。何のために生まれてきたのか。
私だけの役割や果たすべき仕事はあるのでしょうか。
こんなふうにいら立つのは与えられた使命が分からないからでしょ

うか。

それとも、まだ与えられていない使命を早く知ろうとするからでしょうか。

早く知りたいと思うのは年齢からくる焦りなのでしょうか。

私には分かりません。

教えてください。力を貸してください。光をください。

私はすでに自分の務めを果たしているのかもしれません。

それなのに分際もわきまえず、もっと大きな仕事をなすべきだと思い込んでいるのかもしれません。

自然界を見ると、アリにはアリの、ワシにはワシの本分があります。

私は革命を起こす人間なのか。縁の下の力持ちがふさわしいのか。

人に笑顔を向けるだけで役に立てるのか。

それとも世界中が注目し、評価するような大事業をやるために生まれてきたのか。

あるいは自分の務めを果たしているのに気づいていないだけかもしれません。

全知全能の存在に、ご教示を願います。

私は進むべき道をすでに歩いているのか、あるいは、これから歩くことになるのか教えてください。

私自身の年齢や都合は関係ありません。答えを知っているのは天だけです。

私は待ちます。天命を告げられるまで待ちます。

はやる気持ちを捨て、森羅万象は天の御心に従って動くことを受け入れます。

私はここで待っています。

終わります。

<まじないの手順>
1. パワーストーンを巾着袋に入れるかハンカチ（布）で包みます。
2. それを手に持って、次の文言を唱えます。

　　　この石に伝わる
　　　お告げとビジョンが伝わる
　　　私は夢の中で真実を見る
　　　我が天命を知る

3. 最後に心の中で『ありがとうございました』『アーメン』などと唱えて閉式とします。
4. ロウソクの火を消し、魔法陣を解いてください。
5. パワーストーンを入れた袋（ハンカチ、布）は枕の下かベッドのそばに置いてください。
　　このあと3日間でどんな夢を見るのか楽しみにしましょう。夢の中に出てくるシンボルに注目してください。答えはそこにあります。

天のメッセージを聞きたい

必要なアイテムと準備

魔法陣（下記参照）を描くためのアイテムは自由に選んでください。

✪ 用意するもの
- ・タロットカード
- ・黒鏡や水晶球などのぞき込めるもの
  - 注：占いのアイテムが手元にない場合は、ボウルに半分ほど水を張り、水面にメッセージを映し出します。

✪ ロウソク…紫と黄のロウソクを1本ずつ用意。
魔法陣に着座してから、手前左に紫、手前右に黄を置きます。

✪ 魔法陣……最適な陣は円形または三角形。
月まじないのセレモニーは、魔よけとなる円形の魔法陣を描くことから始まります。三角形や正方形の陣を併用する場合は円陣を描いてから、その内側に描いてください。

詳しい説明は5章にあります。杖、ナイフ、塩など好みのアイテムを使うか、腕を伸ばし、指先を揃えて描いてもいいでしょう。

✪ 方位………南に向かってまじなうのがもっとも効果的。
魔法陣の中でこの方位を向いてから、用意したアイテムを配置します。

✪ 月相………ベストなタイミングは満月か上弦の時期。
月が満ちるころに合わせて、天からの啓示が増えるように祈りましょう。

✪ 曜日………月曜、木曜、金曜、日曜がチャンスです。

※ オプションのアイテム

次のアイテムはセレモニーに彩りを添え、精神統一に役立ちますが、必需品ではないので手に入らなくても支障はありません。

★ **パワーストーン**…このまじないにふさわしいのはグリーントルマリン、ベリル。

ほかに使いたい天然石があれば、魔法陣に着座してから手前に並べてください。

★ **香**…………ウィステリアが好相性。

香は魔法陣の中の安全なところに置きます。まじないの準備をしながら香りを楽しみたいなら、陣の外で焚き始めてもかまいません。

★ **音楽**………ハープやフルートの演奏によるおだやかなインストルメンタルがお勧め。基本的に心地よく感じる曲であればOKです。

<月まじないのセレモニーを始める前に>
　・邪魔が入らないことを確認する
　・可能であれば、電話の電源を切る
　・音楽をかける（オプション）
　・照明を薄暗くする
　・手洗い／シャワー／入浴を済ませる
　・香を焚く（オプション）
　・必要なアイテムを揃えて手近に置く
　・魔法陣を描く

第 17 章　天界との交信

・ロウソクを灯す
・天の声が全身を流れるように祈る

＜誓いの言葉＞

※魔法陣の中で次の文章を朗読してから本番に入りましょう。

私は今、満ち足りた穏やかな気持ちでここに座っています。
どんなメッセージでも受け取る覚悟があります。
今夜、授かるお告げを大切にします。
特に何かを知りたいわけではありませんが
天が私に伝えようとしていることに耳を傾けるつもりです。
はっきりと明瞭に伝えてください。
天の波長に心を合わせれば、必ず聞き取れるでしょう。
自然の流れに心をゆだねます。
私は光を、導きを、調和を拝聴し、理解し、この目で確かめます。
今から静かに精神を統一します。
それではメッセージを送ってください。

＜まじないの手順＞

1. 次の文言を唱えます。

このスクリーンにイメージを
鮮明に、正直に映したまえ
今夜、ここにビジョンは踊り
啓示は目前に現れる

2．タロットなどのカード類を使う場合は3枚だけ抜き取り、カードのメッセージをいつものように解釈します。黒鏡、水晶球、ボウルに張った水を使う場合は奥をのぞき込んでください。一点にピントを合わせるのではなく、宙を見つめる要領でしばらく見つめ、イメージが自然に浮かんでくるのを待ちます（これには慣れとコツが必要です。何も浮かんでこなかったら、日を改めて再度チャレンジしましょう）。

3．上記の方法がうまくいかない場合は『次の満月の日に、夢の中にメッセージを送ってください』と唱えます。次回の満月の日を確かめ、カレンダーに印を付け、当日の夢に注目してください。

4．最後に心の中で『ありがとうございました』『アーメン』などと唱えて閉式とします。

5．ロウソクの火を消し、魔法陣を解いてください。

満月の夜のスペシャルセレモニー

※ 必要なアイテムと準備

グループで決めたもの以外は必要ありません。

★ 曜日………満月が出ていれば、曜日は問いません。

★ 魔法陣……最適な陣は円形。

月まじないのセレモニーは、魔よけとなる円形の魔法陣を描くこ

とから始まります。三角形や正方形の陣を併用する場合は円陣を描いてから、その内側に描いてください。

詳しい説明は5章にあります。杖、ナイフ、塩など好みのアイテムを使うか、腕を伸ばし、指先を揃えて描いてもいいでしょう。

✪　**月相**………満月の日がベストです。

✪　**方位**………方位は問いません。

<セレモニーの準備>

2人以上で営みます。

当日の夜はメンバー全員がほかに予定を入れないのが理想的。そのためにも事前のスケジュール調整が欠かせません。とはいえ、忙しい毎日のなかで家族の世話や仕事の約束など外せない用事もあるでしょう。このセレモニーに一晩かける余裕はないかもしれませんが、それでも3時間はかかると考えてください。会場までの移動時間も計算に入れましょう。

セレモニーのテーマも事前に決めます。世界平和を祈念する、誰かの回復を願うなど、何でもかまいません。また、参加者のなかから代表者もしくは進行役を1人決めてください。この人が当日の責任者となり、セレモニーを手際よく仕切ることになります。進行役は当日の段取りをよく練っておきましょう。

進行役はまじないや祈りの文言を考え、文面にし、セレモニーで読み上げなくてはいけません（文案はほかの参加者に任せてもOK）。『今夜、私たちはここから世界に向けて平和を祈願します』など一行だけでもいいですし、もっと長い文章にしてもかまいません。

セレモニーの間は、参加者が立つか座るか手をつなぐかは主催者が決めても、全員で相談してもけっこうです。この月まじないでは催眠（トランス）状態に入り、足元がふらつくこともありますから、座ったほうが無難でしょう。いずれにしても当日までに決めてください。

　進行役はほかのメンバーが着座したのを確認してから魔法陣に入ります。ゆっくりと落ち着いた声で指示を出し、セレモニーを進めてください。ただし、陣の中央に立ってしまうと誰かに背を向けることになりますから、それは避けましょう。進行役もほかのメンバーに混じって着座してください。

＜セレモニーの手順＞

１. 進行役が通常の方法で魔法陣を描き、メンバーにこう説明します。
　　「目を閉じてください。これから１から10までカウントしながら指示を出します。自分の魂が肉体を離れ、月に接近していく様子をイメージしてください」
２. 進行役は次のように指示を与えます。
　　1 ──大きく息を吸って………………ゆっくり吐く。
　　2 ──もう一度、大きく息を吸って……ゆっくり吐く。
　　3 ──月に向かって昇っていきましょう。
　　4 ──月のエネルギーが迫ってくるのが感じられます。
　　5 ──目を閉じたまま、ゆっくり息を吐いてください。
　　6 ──息と一緒に、現在の邪気も過去の邪気も吐き出されていきます。
　　7 ──月光の波動を肌で感じるところまで来ました。地上は、はるか下に見えますが、怖くはありません。白い光に包まれ

ているので安心です。

8 ──いよいよ月に接近します。この輝かしい天体に到着した自分を想像してください。月面に立っているのか、座っているのか、月面を歩いているのか、月に寄り添っているだけなのか。自分がどの位置で何をしているのかイメージしてください。

9 ──目を閉じたまま、月のパワー、宇宙の生命力を吸収しましょう。これで月のパワーと一体になりました。もはや月を見上げるだけの傍観者ではありません。天界の一部になったのです。しばらく心を無にしましょう。何かを考えたり、想像したりしないでください（5〜10秒、間をとる）。

10──ここで祈りを捧げましょう（進行役は祈願の文言を読み上げ、最後に『以上です』と締めくくる。全員で文言を復唱してもよい）。

3．進行役は引き続き指示を出し、セレモニーを進めます。

11──それでは元の状態に戻ります。10から1までカウントダウンしますので、地上に戻る自分をイメージしてください。

10、9、8、7 …まだ月のパワーを近くに感じます。
6、5、4 ………地上にいる私たちの姿が見えてきました。
3、2……………地上に無事戻りました。
1 ………………目を開けてください。

4．このあと参加者は進行役の許可を得て、自由に過ごしてください。その場に座ったまま、月を見上げる人もいるでしょう。グループによっては魔法陣に留まり、先ほどのセレモニーで各自

201

が感じたことを語り合うこともあるようです。できれば後者を
お勧めしますが、その予定も事前に決めておきましょう。

5. 最後に魔法陣を解き、ロウソクを使用した場合は火の始末をし
て、後片づけをします。これからも自他を尊重し、月を敬う気
持ちを忘れないでください。

第18章 エトセトラ

心の向くままに!

——シェークスピア

この章には、主なテーマに該当しない月まじないを集めましたが、非常に強力なものも含まれていますから、研究する価値はあると思います。この章で紹介する『呪縛のまじない』は窮状を間接的に改善することしかできませんが、それ以外はどれも好評で、反響も絶大です。特に願いごとはないけれど、月まじないそのものを楽しみたいというときにも試してみましょう。天に通じる道を開拓する醍醐味が味わえます！

話し合いをスムーズに進めたい

❈ 必要なアイテムと準備
魔法陣（下記参照）を描くためのアイテムは自由に選んでください。

★ 用意するもの
- 筆記用具
- ボウル
- ローリエ（月桂樹の葉）──スーパーの香辛料売り場で手に入ります。少し余分に用意してください。ローリエはセレモニーの途中で粉々にします。葉の乾燥の程度によりますが、乳鉢や乳棒、ペッパーミルがあるといいかもしれません。

★ ロウソク…青、茶、シルバー（グレー）、白のロウソクを1本ずつ用意。

魔法陣の四辺に配置します。青は東、茶は北、シルバー（グレー）は西、白は南の辺に置いてください。

⭐ **魔法陣**……最適な陣は正方形。

　月まじないのセレモニーは、魔よけとなる円形の魔法陣を描くことから始まります。三角形や正方形の陣を併用する場合は円陣を描いてから、その内側に描いてください。

　詳しい説明は5章にあります。杖、ナイフ、塩など好みのアイテムを使うか、腕を伸ばし、指先を揃えて描いてもいいでしょう。

⭐ **方位**………南に向かってまじなうのがもっとも効果的。

　魔法陣の中でこの方位を向いてから、用意したアイテムを手前に配置します。

⭐ **月相**………ベストなタイミングは上弦の時期。

　月が満ちるころに合わせて、コミュニケーション力が身につくように祈りましょう。

⭐ **曜日**………特に曜日は問いません。

❖ オプションのアイテム

　次のアイテムはセレモニーに彩りを添え、精神統一に役立ちますが、必需品ではないので手に入らなくても支障はありません。

⭐ **パワーストーン**…このまじないにふさわしいのはサファイア、グリーントルマリン、ベリル。

ほかに使いたい天然石があれば、魔法陣に着座してから手前に並べてください。

★　香…………ウィステリアが好相性。
　香は魔法陣の中の安全なところに置きます。まじないの準備をしながら香りを楽しみたいなら、陣の外で焚き始めてもかまいません。

★　音楽………クラシック、ニューエイジ、アコースティック系が
　　　　　　　お勧め。基本的に心地よく感じる曲であればOKです。

<月まじないのセレモニーを始める前に>
　・邪魔が入らないことを確認する
　・可能であれば、電話の電源を切る
　・音楽をかける（オプション）
　・照明を薄暗くする
　・手洗い／シャワー／入浴を済ませる
　・香を焚く（オプション）
　・必要なアイテムを揃えて手近に置く
　・魔法陣を描く
　・ロウソクを灯す
　・天の声が全身を流れるように祈る

<誓いの言葉>
　※魔法陣の中で次の文章を朗読してから本番に入りましょう。

　私は今日、この場所から教えを乞います。

私を導いてくださる天界の英知を近くに感じます。

万物の命の源を肌で感じます。

現在、私が抱えているトラブルはコミュニケーションを上手に図る
ことで解決できるかもしれません。

円満に解決できるように知恵を貸してください。

アドバイスをください。強さをください。

私は●●●（相手の名前）に自分の胸の内を伝えます。

伝える内容は――（以下、具体的な内容）――です。

私は落ち着いて話ができるときを選び、●●●と冷静に向き合いま
す。

自分の気持ちを表現するときは非難や批判にあたる言葉を避けます。

●●●を傷つけたり、責め立てたりはしません。

目的は現状の改善であって、悪化ではないからです。

この月の光とともに言うべきことをきちんと言えるように力を与え
てください。

もし●●●が話し合いに応じず、協力しなかった場合はほかの手段
を考えなくてはいけません。

けれども、現時点では円満な解決に向けてお互いに協力する必要が
あります。

真の導きがこの身を包むのを感じます。

どうか私の願いをかなえてください。

道を示してください。光をください。

弱気な自分に打ち克つだけの強さをください。

私は率先して対話に努めます。

それでも解決できなければ、最初から解決できない問題だったので
しょう。

月のサイクルが変わるまでに回答をください。

知恵とアドバイスを授けてください。

終わります。

＜まじないの手順＞

1. ローリエに相手のファーストネームを書きます。途中で葉が破れてしまったら、新しい葉に書き直してください。あくまでも力を入れずに、そっと！

2. そのローリエをボウルに入れ、素手または用意した道具で粉々にします。

3. 次の文言を唱えます。

　　　私の願いは風と気に乗り
　　　あなたの元に届く
　　　光の速さで届く
　　　聞きたまえ、感じたまえ、今夜ここに

4. 屋外にいる場合は、砕いたローリエを手のひらに乗せ、吹き飛ばします。室内にいる場合は、外に出るか窓やドアを開けて同様にします。

5. 最後に心の中で『ありがとうございました』『アーメン』などと唱えて閉式とします。

6. ロウソクの火を消し、魔法陣を解いてください。

第18章 エトセトラ

誕生日にまじなう3つの願い

　誕生日は自分自身のパワーに感謝し、今後1年の多幸を祈るのにふさわしい日。この月まじないは誕生日の当日か誕生月に実践するとよいでしょう。

　自分の夢や抱負は自分にしか分かりませんから、秘かな願いを素直に文字にしてください。

※ 必要なアイテムと準備
　魔法陣（下記参照）を描くためのアイテムは自由に選んでください。

★ 用意するもの
・耐火性の容器とマッチ
・好きなスイーツ（ケーキ、クッキー、ペイストリー、ソフトキャンディなど）を一口分。甘いものが苦手な人はチーズなどの好物を用意してください。
・水
・ワインまたは果汁（何色のものでもOK）
・筆記用具と紙3枚
・レンガ、石、または木板（大小は問いません）

★ ロウソク…赤、白、黄のロウソクを1本ずつ用意。
　魔法陣に着座してから手前に三角に並べます。白のロウソクを頂

209

点とし、赤を左、黄を右に置いてください。

⭐ **魔法陣**……最適な陣は円形。

月まじないのセレモニーは、魔よけとなる円形の魔法陣を描くことから始まります。三角形や正方形の陣を併用する場合は円陣を描いてから、その内側に描いてください。

詳しい説明は5章にあります。杖、ナイフ、塩など好みのアイテムを使うか、腕を伸ばし、指先を揃えて描いてもいいでしょう。

⭐ **方位**………北に向かってまじなうのがもっとも効果的。

魔法陣の中でこの方位を向いてから、用意したアイテムを手前に配置します。

⭐ **月相**………月相は問いません（誕生日ですから！）。

⭐ **曜日**………特に曜日は問いません。

❊ オプションのアイテム

次のアイテムはセレモニーに彩りを添え、精神統一に役立ちますが、必需品ではないので手に入らなくても支障はありません。

⭐ **パワーストーン**…このまじないにふさわしいのは自分の誕生石。

次の表に誕生石と象徴する言葉、誕生花を記しますので参考にしてください。

210

第18章　エトセトラ

＜誕生石と象徴する言葉、誕生花＞

月	誕生石（象徴する言葉）	誕生花
1月	ガーネット（忠誠）	カーネーション
2月	アメジスト（真心）	スミレ
3月	ブラッドストーン（勇気）	キズイセン
4月	ダイヤモンド（純心）	スイートピー
5月	エメラルド（愛の結晶）	スズラン
6月	真珠（健康）	バラ
7月	ルビー（満ち足りた心）	ヒエンソウ
8月	サードオニキス（夫婦円満）	グラジオラス
9月	サファイア（慈愛）	エゾギク
10月	オパール（希望）	キンセンカ
11月	トパーズ（貞節）	キク
12月	トルコ石（繁栄）	スイセン

　誕生石の解釈はひとつではなく、各月の誕生石も出典によって異なる場合があります。ここには一般的な例を載せました。興味があれば、詳しく研究してみましょう。

★　香…………柑橘系が好相性。
　香は魔法陣の中の安全なところに置きます。まじないの準備をしながら香りを楽しみたいなら、陣の外で焚き始めてもかまいません。

211

✪ 音楽………明るく、穏やかなインストルメンタルがお勧め。基本的に心地よく感じる曲であればOKです。

＜月まじないのセレモニーを始める前に＞
- ・邪魔が入らないことを確認する
- ・可能であれば、電話の電源を切る
- ・音楽をかける（オプション）
- ・照明を薄暗くする
- ・手洗い／シャワー／入浴を済ませる
- ・香を焚く（オプション）
- ・必要なアイテムを揃えて手近に置く
- ・魔法陣を描く
- ・天の声が全身を流れるように祈る

＜まじないの手順＞
1. ３つの願い（目標、夢、希望など）を３枚の紙に１つずつ書きます（事前にタイプしておき、プリントアウトしてもかまいません）。３は"増進"の数字ですから、ここでは３の波動にあやかります。
2. ３枚の紙を持ち１枚ずつ読み上げます。３枚とも読み終えたら、耐火性の容器の中で燃やしてください。
3. 紙が完全に燃えたのを確認してから、次の文言を唱えます。

　　　ここに放つのは、３つの願い
　　　私の願いよ、宙を舞い、私の元に再び戻ってこい！

4. 『食べ物に困ることがないように』と言って、スイーツを一口

食べます。

『水に困ることがないように』と言って、水を一口飲みます。

『家を失うことがないように』と言って、レンガ（石、木板）を軽く3回叩きます。

5. 赤のロウソクを灯し、『この体がいつまでも健やかでありますように』と唱えます。

6. 黄のロウソクを灯し、『この心がいつまでも健やかでありますように』と唱えます。

7. 白のロウソクを灯し、『この魂がいつまでも健やかでありますように』と唱えます。

8. ワイン（または果汁）を一口飲み、次の文言を唱えます。

　　今日、私は自分を祝福する

　　今日、私は生まれ変わる

　　今日、私は天の示した道を行く

9. 最後に心の中で『ありがとうございました』『アーメン』などと唱えて閉式とします。

10. ロウソクの火を消し、魔法陣を解いてください。

11. 容器の中の灰は好きなように処分してください。願いごとは紙を燃やしたときに煙に乗って放たれました。

呪縛のまじない

　最初に忠告しておきます。このまじないは一度実行すると取り返しがつきませんから、軽々に実践してはいけません。人生経験の浅い未熟な人には不向きです。呪縛のまじないには根強い反発があります。私も紹介するべきかどうか大いに悩みました。しかし、瞑想し、天啓を受けた結果、紹介することに決めました。
　呪縛のまじないの目的は、あなたの心、体、魂を攻撃しようとする相手や自傷行為に走るかもしれない人を抑止することにあります。ですが、こちらの思い違いという可能性もありますから、呪縛のまじないに慎重になる人がいても無理はありません。このまじないを実行することに少しでも迷いを感じたら――やめておきましょう。その代わりにこの章の最後に紹介する『白光の魔よけ』を試してください。そのほうが無難です。
　しっかりと肝に銘じてほしいのですが、呪縛のまじないは警察、行政の相談窓口、支援団体の代わりには決してなりません。これだけで身の安全が確保できるとは思わないでください。そうでないと油断が生じてしまいます！　このまじないの趣旨は物理的に安全対策を講じたうえで、その対策が効くようにパワーを与えること。まずは"特定の人物"を遠ざけるための法的手段、社会的手段を尽くしてください。ここで言う"特定の人物"とは、しつこく電話してくる人や自宅に押しかけてくる人、何となく虫の好かない人、腹立たしい人ではありません。その程度の相手には、あまりにも酷なま

じないです。

※ 必要なアイテムと準備

魔法陣（下記参照）を描くためのアイテムは自由に選んでください。

★ 用意するもの

・肖像または手製の人形（イラストを参照）
・ひも、コード、糸など人形に巻きつけるもの
・塩

※人形には両手足と頭部をつけてください。詰めものをして生地を縫い合わせてもいいですし、厚手の紙から人型を切り抜いてもかまいません。完成した人形には、相手の名前を書くか写真を張り付けてください。このほかトウモロコシの皮など、人間に見立てられるものなら何でも材料になります。

人形というと、ブードゥー教を連想して不吉に思う人もいるでしょう。このまじないはブードゥーとは無関係ですが、人形を使う

点は共通していますから、不吉に感じるのも理解できます。しかしその目的は自分の身を守ることであり、誰かを攻撃することではありません。むしろ自他への攻撃をやめさせるのが狙いです。

（この時点で呪縛のまじないに疑問を感じたら、中止してください）

⭐ **ロウソク**…黒のロウソクを1本用意。
魔法陣に着座してから手前に置きます。

⭐ **魔法陣**……最適な陣は三角形。
月まじないのセレモニーは、魔よけとなる円形の魔法陣を描くことから始まります。三角形や正方の陣を併用する場合は円陣を描いてから、その内側に描いてください。
詳しい説明は5章にあります。杖、ナイフ、塩など好みのアイテムを使うか、腕を伸ばし、指先を揃えて描いてもいいでしょう。

⭐ **方位**………西に向かってまじなうのがもっとも効果的。
魔法陣の中でこの方位を向いてから、用意したアイテムを手前に配置します。

⭐ **月相**………ベストなタイミングは下弦または晦の時期。

⭐ **曜日**………土曜、日曜がチャンスです。

✳ オプションのアイテム
次のアイテムはセレモニーに彩りを添え、精神統一に役立ちますが、必需品ではないので手に入らなくても支障はありません。

✪　パワーストーン…このまじないにふさわしいのはジェット、オ
　　　　　　　　　　ブシディアン、白水晶。
　ほかに使いたい天然石があれば、着座してから手前に並べてくだ
さい。

✪　香…………ローズウッド、ラベンダーが好相性。
　香は魔法陣の中の安全なところに置きます。まじないの準備をし
ながら香りを楽しみたいなら、陣の外で焚き始めてもかまいません。

✪　音楽………穏やかで心安らぐスローテンポなインストルメンタ
　　　　　　　ルがお勧め。基本的に心地よく感じる曲であればOKです。

<月まじないのセレモニーを始める前に>
　・邪魔が入らないことを確認する
　・可能であれば、電話の電源を切る
　・音楽をかける（オプション）
　・照明を薄暗くする
　・手洗い／シャワー／入浴を済ませる
　・香を焚く（オプション）
　・必要なアイテムを揃えて手近に置く
　・魔法陣を描く
　・天の声が全身を流れるように祈る

<誓いの言葉>
　※魔法陣の中で次の文章を朗読してから本番に入りましょう。

私がこの特別なまじないを選んだのは、いろいろと検討した結果、やむなしと判断したからです。

撤回できないまじないなので、その判断が正しかったかどうか、もう一度考えてみます。

もし考えが変わったときは"白光の魔よけ"を試すことにします。

それでは、この強力なまじないを実行するべきかどうか最終判断をします。

（やめたほうがいいと思ったら、ここで中止してください）

＜まじないの手順＞

1．ロウソクを灯します。

2．人形にひも（コード、糸）を巻きつけます。その間、『●●●（相手の名前）が自他を傷つけることのないように拘束する』と唱えてください。両手、両足を縛り、頭部全体をひも（コード、糸）で覆います。これには"あらゆる攻撃手段を封じる"という意味が込められています。

3．人形に塩をふりかけます。

4．先ほどの文言を復唱します。『●●●（相手の名前）が自他を傷つけることのないように拘束する』

5．続いて、次の文言を唱えてください。

　　呪縛はここに完了した
　　あなたは勝手に動けない
　　あなたの行いは封印され、私の強さが出現する
　　傷つけることなかれ、近づくことなかれ
　　この日をもって、あなたは無力になる

6. 最後に心の中で『ありがとうございました』『アーメン』などと唱えて閉式とします。
7. ロウソクの火を消し、魔法陣を解いてください。
8. 使った人形は自宅の敷地の外に埋めるか、暖炉や焼却炉があれば、その中で燃やします。繰り返しますが、このまじないは誰かを傷つけるわけではありません。行動を抑止するだけです。

霊感、直感を磨きたい

　この月まじないを実践すると、自分のサイキックパワーを発掘し、伸ばす自信がつきます。さまざまなジャンルの占いに挑戦したくなるかもしれません。このまじないは"第三の目"を開くきっかけになります。第三の目とは心の目、直感の目、霊能力の中枢であり、現実世界では得られない情報をキャッチするポイントです。また第三の目は、人体に点在する気の出入り口"チャクラ"のなかで第六チャクラに相当すると考えられています。

　直感を磨きたい人はぜひトライして、隠れた能力を呼び覚ましてください。あなたの潜在能力もそれを待ち望んでいます。

　この月まじないに焦りは禁物。充分に時間をとり、1人であるいは異性とペアでまじないましょう。異性と組むことで、男女両性のエネルギー＝陰陽の生命力を活用できます。

※ 必要なアイテムと準備

　魔法陣（下記参照）を描くためのアイテムは自由に選んでください。

★ 用意するもの

・ワインまたは果汁（赤か白のもの）

・専用のグラスまたはゴブレット（ペアでまじなうときは同じグラス
　を共有し、エネルギーを交えます）

・香、コロン、香水などの香りもの（今回はアロマが必需品。下記で
　お勧めする香りに抵抗がある人は自分の好きな香りを選んでください）

・深い紫色の布（シルク、ベルベット、フェルト等の柔らかい布。大き
　さは問いませんが、ペアでまじなう場合は2枚用意してください）

・ベルか鐘か鈴（風鈴でも代用できます。大きな風鈴で、魔法陣の中に
　吊るすスペースがないときは寝かせて置いてください。その場合は音
　色を響かすための棒なども用意します。さらにいいのは最初に風鈴を
　置き、そのそばに魔法陣を描くこと。風鈴を使う段になったら、立ち
　上がって手を伸ばせばOKです）

　セレモニーが終わったら、すぐ試すことができるようにカード類、
ルーン文字、水晶球といった占い用のアイテムも用意しておくとい
いでしょう。

★ ロウソク…紫、白、オレンジのロウソクを1本ずつ用意。

　魔法陣に着座してから手前に置きます。左から紫、白、オレンジ
の順に一列に並べてください。

★ 魔法陣……最適な陣は三角形。

月まじないのセレモニーは、魔よけとなる円形の魔法陣を描くことから始まります。三角形や正方形の陣を併用する場合は円陣を描いてから、その内側に描いてください。

詳しい説明は5章にあります。杖、ナイフ、塩など好みのアイテムを使うか、腕を伸ばし、指先を揃えて描いてもいいでしょう。

★ **方位**………北に向かってまじなうのがもっとも効果的。
魔法陣の中でこの方位を向いてから、用意したアイテムを手前に配置します。

★ **月相**………ベストなタイミングは満月の日。
月が完全な姿を見せる日に合わせて、潜在能力が開花するように祈りましょう。

★ **曜日**………基本的に曜日は問いませんが、特に月曜、木曜、日曜がチャンスです。

▧ オプションのアイテム
次のアイテムはセレモニーに彩りを添え、精神統一に役立ちますが、必需品ではないので手に入らなくても支障はありません。

★ **パワーストーン**…このまじないにふさわしいのはアメジスト、ムーンストーン、白水晶。
ほかに使いたい天然石があれば、魔法陣に着座してから手前に並べてください。

✪　香…………フランキンセンス（乳香）、クローブ、パインが好相性。
香は魔法陣の中の安全なところに置きます。まじないの準備をしながら香りを楽しみたいなら、陣の外で焚き始めてもかまいません。

✪　音楽………環境音楽のように穏やかで瞑想に向いたインストルメンタルがお勧め。基本的に心地よく感じる曲であればOKです。

＜月まじないのセレモニーを始める前に＞
・邪魔が入らないことを確認する
・可能であれば、電話の電源を切る
・音楽をかける（オプション）
・照明を薄暗くする
・手洗い／シャワー／入浴を済ませる
・必要なアイテムを揃えて手近に置く
・魔法陣を描く
・天の声が全身を流れるように祈る

＜誓いの言葉＞
※魔法陣の中で次の文章を朗読してから本番に入りましょう。

私はサイキックパワーの成長を心から歓迎し、潜在能力を呼び覚まそうとしています。
その能力を健全かつ前向きな目的に生かすつもりです。
私の直感が最大限に発揮されますように。
私は万物の生命力とひとつになります。

天から届くメッセージに注意深く耳を傾けます。

そして、直感が磨かれたかどうか検証します。

潜在能力にアクセスできるように強い波動を送ってください。

終わります。

＜まじないの手順＞

1．ロウソクを灯します。香はまだ焚かないでください。

2．ベル（鐘、鈴）を鳴らし、『*私はパワーの声を聞く*』と唱えます（ペアの場合は女性が鳴らす）。

3．ワイン（果汁）を一口飲み、『*私はパワーを味わう*』と唱えます（ペアの場合は男性が最初に一口飲んで文言を唱え、女性に杯を渡します。女性も同様にしてください）。

4．香を焚くかコロンや香水をかぎ、『*私はパワーの香りを嗅ぐ*』と唱えます（ペアの場合は女性が香に火をつける）。

5．いったん目を閉じ、数秒したら目を開け、『*私はパワーを見る*』と唱えます。

6．紫の布を両手で挟み、『*私はパワーを感じる*』と唱えます。

7．次の文言を唱えてください。

　　大地と風と水と火を受け

　　私の能力は至高の域に達する

　　今夜ここにパワーを呼び覚ます

　　私は我が魂の叫びを受け止めた

8．天に向かって両手を上げ、『*我こそパワー*』と唱えます（ペアの場合は手をつないでから、同様にしてください）。

9．次の文言を唱えます。

  すべては善のため、何人（なんびと）をも傷つけず
  以上をもって完了する

10．最後に心の中で『ありがとうございました』『アーメン』など
　　と唱えて閉式とします。

11．ロウソクの火を消し、魔法陣を解いてください。

12．祝杯としてワイン（果汁）を一口飲みます。あとはしばらく瞑
　　想してもいいですし、まじないの効果をさっそく試してもいい
　　でしょう。タロットや水晶など好きな占いに挑戦してみてくだ
　　さい。健闘を祈ります！

ペンデュラムのセッション

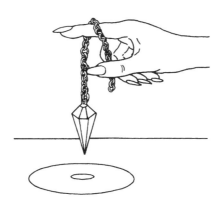

<ペンデュラムの使いみち>

　本書においてペンデュラムを活用するのは、内なる声＝潜在意識に『はい』か『いいえ』で答えてもらい、問題解決のヒントや結論を得るためです。しかしペンデュラムの用途はそれだけではありません。回答を引き出す以外にもさまざまな目的で利用されています。ヒーラーは心と体の不協和音を探るツールとして愛用してきました。

　ペンデュラムを使ってダウジングもできます。ダウジングは伝統的な探査方法で、かつては隠れた水脈や鉱脈を探り当てることに用いられました。ペンデュラムでダウジングをすると、人の居場所や物のありかを特定することも可能です。私は家の中で探し物をするとき、愛用のペンデュラムを取り出し、目当てのものがどこにあるのか尋ねます。するとペンデュラムはある方向を示してくれるので

すが、これが不思議とよく当たるのです。家じゅうを探しても見つからないときは、ペンデュラムを持って窓辺に立ちます。ペンデュラムが窓の方向に振れたら、目当てのものは屋外にあると分かります。

　またペンデュラムは相手の発言の真偽を確かめるツールとしても優秀です。ペンデュラムの真価は、未来ではなく、現在のことを尋ねるときに発揮されます。

　ペンデュラムへの質問は1人でもグループでもできます。誰かと一緒に回答を求めるとき、自分の潜在意識は相手の潜在意識にリンクします。

　ペンデュラムに問うなら、どういう質問がふさわしいのか。その一例をあげましょう。

・交際中の相手の本心が分かりません。彼は2人の関係を真剣に考えているのでしょうか？
・今の住まいから引っ越したほうがいいですか？
・ヘッドハンティングされました。その話に乗ってもいいのでしょうか？
・起業を考えていますが、そうする価値はありますか？
・この件では自分の心に従うのがいちばんですか？

　必ず『はい』『いいえ』で答えられる聞き方をしてください。

　繰り返しますが、ペンデュラムに問いかけることは自分の潜在意識に分け入ること。そして自分の本望を知り、心から良かったと思える結論につなげることです。ペンデュラムは現状に関する情報の宝庫ですから、かなり信頼できます。人間関係や選択に迷って悶々

第18章　エトセトラ

とする必要はなくなるでしょう。

　要するに、ペンデュラムは心を決めかねたときや相手の本心を知りたいときに利用するものです。ペンデュラムに今後のことを尋ねても、教えてくれるのは潜在意識が望んでいることだけ。未来を占うわけではありませんから、がっかりしないでください。正しい使いみちを心得れば、ペンデュラムの利用価値が分かるはずです。

<ペンデュラムの扱いについて>

　普段はポーチや容器に収納してください。むき出しのまま雑気にさらすのは感心しません。ときどき水洗いして浄化し、使用時についた気や波動を落とします。浄化のタイミングとしてはペンデュラムの反応が不安定になったとき、鈍くなったとき、自分自身が邪気を拾ったと感じるときが好ましいのですが、自分の直感に従うのがいちばんです。

　ペンデュラムを決して洗わない人もいます。使うたびに波動が蓄積し、精度が上がると考えるようです。でも、人に貸したあとは必ず浄化してください。水ですすぐか太陽や月（満月、新月、上弦）の光に当てて清めます。

　友達や仲間を誘ってダウジングしてもかまいませんが、そのときは全員が一つの質問に集中することが重要です。"自分の順番が来たら何を聞こうかな"と考えているようではいけません。グループでダウジングするのは楽しいし、面白いものです。しかし本当に大切なことは、1人で質問しましょう。両方のパターンを試して、効果を比較してみてください。

　ダウジングは室内と屋外のどちらでするのがいいかと尋ねられることがありますが、これは好みの問題です。ひとつ言えるのは、満

月の夜は格別ということ！　ペンデュラムの効果は場所を問いませんから、満月の夜にわざわざ外に出なくても、家の中で月のパワーを感じるだけで充分です。

＜ペンデュラムを手に入れる＞

　ニューエイジ系のショップやオンラインショップでも手ごろな価格で買えますし、手作りすることも可能。ペンデュラムは基本的に、ひもやチェーンの先におもりが付いた振り子です。チャート盤の上でつり下げて持つと（225ページのイラスト参照）、重力の作用でおもりが動く仕組みになっています。

　おもりとしてよく使われるのがアメジストや白水晶といったパワーストーン。ガラス、木、真ちゅうなどの鉱物も定番です。細い天然石が付いているネックレスなら、そのままペンデュラムになります。シンプルなチェーンやひもに十字架、指輪、コルクを通してもいいでしょう。

▨　必要なアイテムと準備

　魔法陣（下記参照）を描くためのアイテムは自由に選んでください。

★　用意するもの

- ・ペンデュラム
- ・普通紙か厚紙を１枚（その中央に円を描き、チャート盤にします）
  紙以外にも、テーブルや床に平らにして置くことができる円形のものはチャート盤になります。硬貨、ボタン、CD（！）を使用した例を見たことがあります。

228

★ **ロウソク**…白を１本、紫を２本用意。

　三角形の魔法陣に着座してから用意したロウソクを３つの角に配置します。白を手前の角に、紫は残る２つの角に置いてください。

★ **魔法陣**……最適な陣は三角形。

　月まじないのセレモニーは、魔よけとなる円形の魔法陣を描くことから始まります。三角形や正方形の陣を併用する場合は円陣を描いてから、その内側に描いてください。

　詳しい説明は５章にあります。杖、ナイフ、塩など好みのアイテムを使うか、腕を伸ばし、指先を揃えて描いてもいいでしょう。

★ **方位**………北に向かってまじなうのがもっとも効果的。

　魔法陣の中でこの方位を向いてから、用意したアイテムを手前に配置します。

★ **月相**………ベストなタイミングは満月か上弦の時期。

　月が明るさを増すころに合わせて、明快な結論を導き出しましょう。

★ **曜日**………基本的に曜日は問いませんが、特に月曜、日曜がチャンスです。

※ **オプションのアイテム**

　次のアイテムはセレモニーに彩りを添え、精神統一に役立ちますが、必需品ではないので手に入らなくても支障はありません。

⭐ パワーストーン…このまじないにふさわしいのはアメジスト、白水晶。

ほかに使いたい天然石があれば、魔法陣に着座してから手前に並べてください。

⭐ 香…………フランキンセンス（乳香）、ジャスミン、セージが好相性。

香は魔法陣の中の安全なところに置きます。まじないの準備をしながら香りを楽しみたいなら、陣の外で焚き始めてもかまいません。

⭐ 音楽………穏やかで心安らぐインストルメンタルがお勧め。基本的に心地よく感じる曲であればOKです。

＜ペンデュラムのセッションを始める前に＞

・邪魔が入らないことを確認する
・可能であれば、電話の電源を切る
・音楽をかける（オプション）
・照明を薄暗くする
・手洗い／シャワー／入浴を済ませる
・香を焚く（オプション）
・必要なアイテムを揃えて手近に置く
・魔法陣を描く
・ロウソクを灯す

　　　ロウソクが2本しか用意できない場合はチャート盤の左右に置き、3本の場合は前述のとおり、陣の三角に置くか、テーブルや台の上に三角に並べます。3という数字には独特のパワー

があります。

・天の声が全身を流れるように祈る

＜セッションの手順＞

1．チャート盤を手前に置きます。

2．ペンデュラムを一方の手に持ち、チャート盤の中心から３セン
　チほど離してつり下げます。ひじは曲げても伸ばしてもかまい
　ませんが、曲げたほうがやりやすいでしょう。

3．ペンデュラムを静止させます。『ストップ』『静かに』『動かな
　いで』などと言葉をかけると効果的。声に出しても心の中で唱
　えてもOKです。

4．ペンデュラムの動きが止まったのを確認してから『はい』と『い
　いえ』の方角を決めます（チューニング）。この方角は毎回変わ
　ります。チャート盤に文字や四方位を入れないのは、そのため
　です。

5．正解が『はい』になる質問をします。例えば、「私の名前は●
　●●（自分の実名）ですか？」と聞いてください。ペンデュラム
　が動いた方向を『はい』とします。

6．続いて、正解が『いいえ』になる質問をしましょう。ペンデュ
　ラムは『はい』のときとは正反対の方に振れなくてはいけませ
　ん。そうでないときは、ペンデュラムが的確な動きをするまで
　質問を繰り返します。

7．これで今日（今夜）の『はい』『いいえ』の方角が決まりました。
　この方角は日によって変わる可能性がありますから、チューニ
　ングは毎回行いましょう。質問が変わるたびにチューニングを
　やり直すことはありませんが、24時間を過ぎたら、やり直して

ください。

8. チューニングが済んだら、自由に質問をしてみましょう（でも質問攻めはいけません！）。ペンデュラムが回転したり不安定な動きを見せたりしたときには、いったん動きを止めてから質問を繰り返してください。それでも同じ状態が続く場合はセッションそのものを中止し、日を改めましょう。こうしたトラブルはめったに起きませんが……。

　ペンデュラムを持つ手が震えたり、少し動いたりしても気にすることはありません。手が動くのは、潜在意識が脳を通して何らかの信号を伝えた結果です。ペンデュラムは潜在意識とつながるためのツールですから。自分が望む答えとペンデュラムが示す答えが違っていたら、潜在意識という内なる声が何を伝えようとしているのかよく考えてみましょう。

　例えば、ペンデュラムにこう尋ねたとします。

　「３年越しの恋人は典型的な"自由人"。定職に就かず、夢もなく、私を頼ってばかりで、ときどき浮気をしているみたい。それでも私は彼が好きで、どうしたらいいのか分からない。彼は変わってくれるかしら？　本当に私にふさわしい人？」

　ペンデュラムに『はい』と答えてほしいのに、『いいえ』が返ってきたら、その理由を別の角度から考えてみます——私には分かっていても認めたくないことがあるのではないか、その問題に今こそ向き合わなくてはいけないのでは？　そんなふうに気づかせてくれるのがペンデュラムの真価です！

9. 最後に心の中で『ありがとうございました』『アーメン』などと唱えてセッションを終了します。

10. ロウソクの火を消し、魔法陣を解いてください。

第18章　エトセトラ

裕福になりたい

※　必要なアイテムと準備
　魔法陣（下記参照）を描くためのアイテムは自由に選んでください。

✪　用意するもの
　・愛用の財布
　・ブランクキー（加工していない鍵）——DIYショップやネット通販などで金色のブランクキーを購入してください。販売員に不審に思われても、使用目的を話したりしないこと。プライバシーを守ることは月まじないの効果を高めます。ブランクキーは必ず新品を使用してください。家にある古い鍵はNGです。

✪　ロウソク…緑のロウソクを4本用意。
　正方形の陣の四辺（東西南北の各方位）に配置します。

✪　魔法陣……最適な陣は正方形。
　月まじないのセレモニーは、魔よけとなる円形の魔法陣を描くことから始まります。三角形や正方形の陣を併用する場合は円陣を描いてから、その内側に描いてください。
　詳しい説明は5章にあります。杖、ナイフ、塩など好みのアイテムを使うか、腕を伸ばし、指先を揃えて描いてもいいでしょう。

233

✪　**方位**………東に向かってまじなうのがもっとも効果的。

　魔法陣の中でこの方位を向いてから、用意したアイテムを手前に配置します。

✪　**月相**…………ベストなタイミングは満月、新月、上弦の時期。

　月が満ちるころに合わせて、財産も増えるように祈りましょう。

✪　**曜日**…………水曜、木曜、日曜がチャンスです。

❄　オプションのアイテム

　次のアイテムはセレモニーに彩りを添え、精神統一に役立ちますが、必需品ではないので手に入らなくても支障はありません。

✪　**パワーストーン**…このまじないにふさわしいのはパイライト、
　　　　　　　　　　　　　　　グリーントルマリン、白水晶。

　ほかに使いたい天然石があれば、魔法陣に着座してから手前に並べてください。

✪　**香**…………バニラ、ミント、オールスパイスが好相性。

　香は魔法陣の中の安全なところに置きます。まじないの準備をしながら香りを楽しみたいなら、陣の外で焚き始めてもかまいません。

✪　**音楽**………心弾むインストルメンタルがお勧め。基本的に心地
　　　よく感じる曲であればOKです。

第18章　エトセトラ

<月まじないのセレモニーを始める前に>
・邪魔が入らないことを確認する
・可能であれば、電話の電源を切る
・音楽をかける（オプション）
・照明を薄暗くする
・手洗い／シャワー／入浴を済ませる
・香を焚く（オプション）
・必要なアイテムを揃えて手近に置く
・魔法陣を描く
・東の辺に置いたロウソク以外の、3本のロウソクを灯す。
・天の声が全身を流れるように祈る

<誓いの言葉>
　※魔法陣の中で次の文章を朗読してから本番に入りましょう。

私は正々堂々と生活の安定を求めます。
誰にも、何物にも邪魔させません。
豊かな心は貧困に耐えなくても追求できます。
"自分には裕福な生活は似合わない" などと考えることはやめます。
この瞬間から、富と繁栄が私に共鳴しますように。
終わります。

<まじないの手順>
1．まだ灯していないロウソクの側面に、ブランクキーで "富" の
　　文字を彫ります。
2．そのロウソクを灯します。

235

3．ブランクキーを財布に入れます。
4．次の文言を唱えてください。

  大地よ、風よ、太陽よ、海よ
  この特別な鍵に魔力を込めよ
  私の富は月とともに満ちていく
  富よ、すぐに来たれ

5．最後に心の中で『ありがとうございました』『アーメン』などと唱えて閉式とします。
6．ロウソクの火を消し、魔法陣を解いてください。

旅の安全を祈る

　２日に分けて行い、天候によってはそれ以上の日数を要します。快晴の日にまじなうのがベストです。

必要なアイテムと準備

　魔法陣（下記参照）を描くためのアイテムは自由に選んでください。

⭐ 用意するもの
・お守りにする小物──お気に入りのあるチャームやパワーストーンなど、チェーンに付けて身につけられるもの。十字架、

第18章　エトセトラ

　　　ペンタグラム、水晶、動物の肖像も使えます。手持ちのネックレスもパワーチャージすることでお守りにできます。
・エレメントウォーター
・お守りを入れるボウルかコップかゴブレット

★　**ロウソク**…１日目はシルバー（グレー）、茶、赤のロウソクを１本ずつ用意。２日目は白を１本用意。
　魔法陣に着座してから用意したロウソクを手前に置きます。左からシルバー（グレー）、茶、赤の順に一列に並べてください。
　２日目は用意した白１本を、魔法陣に着座してから手前に置きます。

★　**魔法陣**………最適な陣は円形。
　月まじないのセレモニーは、魔よけとなる円形の魔法陣を描くことから始まります。三角形や正方形の陣を併用する場合は円陣を描いてから、その内側に描いてください。
　詳しい説明は５章にあります。杖、ナイフ、塩など好みのアイテムを使うか、腕を伸ばし、指先を揃えて描いてもいいでしょう。

★　**方位**………北]向かってまじなうのがもっとも効果的。
　魔法陣の中でこの方位を向いてから、用意したアイテムを手前に配置します。

★　**月相**………ベストなタイミングは新月か上弦の時期。
　月が満ちるころに合わせて、安心が増すように祈りましょう。

237

✪　曜日………特に曜日は問いません。

▨　オプションのアイテム

　次のアイテムはセレモニーに彩りを添え、精神統一に役立ちますが、必需品ではないので手に入らなくても支障はありません。

✪　パワーストーン…このまじないにふさわしいのはトルコ石、タ
　　　　　　　　　イガーアイ。

　ほかに使いたい天然石があれば、魔法陣に着座してから手前に並べてください。

✪　香…………サンダルウッド（白檀）、シナモン、ラベンダーが好
　　　　　　　相性。

　香は魔法陣の中の安全なところに置きます。まじないの準備をしながら香りを楽しみたいなら、陣の外で焚き始めてもかまいません。

✪　音楽………静かで心和むインストルメンタルがお勧め。基本的
　　　　　　　に心地よく感じる曲であればOKです。

＜月まじないのセレモニーを始める前に＞
　・邪魔が入らないことを確認する
　・可能であれば、電話の電源を切る
　・音楽をかける（オプション）
　・照明を薄暗くする
　・手洗い／シャワー／入浴を済ませる
　・香を焚く（オプション）

・必要なアイテムを揃えて手近に置く

・魔法陣を描く

・ロウソクを灯す

・天の声が全身を流れるように祈る

<誓いの言葉>

※魔法陣の中で次の文章を朗読してから本番に入りましょう。

私にとって、旅の安全と安心はことのほか重要です。

長旅であれ、小旅行であれ、いっそうの加護があると心強くなります。

活動する日中も、眠っている夜間も、●●●（信仰する神や祈りを捧げる相手の名）が私を守ってくれると信じています。

慈愛と善意に見守られることに安らぎを感じます。

<まじないの手順>

★1日目……お守りにする小物（チャーム、パワーストーンなど）にパワーを注入します。

1. 小物をボウル（コップ、ゴブレット）に入れます。

2. その上からエレメントウォーターを注ぎます。小物が完全に浸るまで注ぎ入れてください。

3. ボウルには触れずに、ボウルの上に手をかざします。手のひらを下に向け、『この水に宿るエレメントよ、私のものに魔よけの力を授けよ』と唱えます。

4. 魔法陣を解き、ロウソクを消して、『今日はここまで』と宣言します。

5. 小物とエレメントウォーターの入ったボウルを、日光と月光が

当たる場所に置きます。ベランダに出しても、室内の窓辺でもかまいません。このプロセスには最低でも丸一日かかるでしょう。日光と月光の両方が必要なので、曇りの日は向きません。日光浴と月光浴にはそれぞれ8時間以上かけてください。時間はかけるほど効果は上がります。多少の雨は気にしないでください。

★2日目……小物が充分にパワーチャージされ、お守りとして使えるようになったら、以下を実行します。

1. お守りをエレメントウォーターに浸したまま、新たに魔法陣を描きます。
2. 白のロウソクを灯し、お守りを入れた容器を目の前に置きます。
3. 次の文言を唱えます。

> この小さきものは自然の加護を授かった
> 私の安全は確保され、すべての不安は解消する
> この魔よけをしっかりと身につけ
> 一年をとおして安全に旅をする

4. 最後に心の中で『ありがとうございました』『アーメン』などと唱えて閉式とします。
5. ロウソクの火を消し、魔法陣を解いてください。

お守りは旅行中や必要なときだけ携帯してもいいですし、毎日身につけてもよいでしょう。自由に活用しましょう。同じお守りを使い続ける場合は、この月まじないを毎年やり直してください。

第18章　エトセトラ

万能の月まじない

本書にないテーマをまじなうときに。好きな願いごとを託しましょう。

❈ 必要なアイテムと準備

魔法陣（下記参照）を描くためのアイテムは自由に選んでください。

⭐ **ロウソク**…白のロウソクを1本用意。

魔法陣に着座してから手前に置きます。

⭐ **魔法陣**……最適な陣は円形。

月まじないのセレモニーは、魔よけとなる円形の魔法陣を描くことから始まります。三角形や正方形の陣を併用する場合は円陣を描いてから、その内側に描いてください。

詳しい説明は5章にあります。杖、ナイフ、塩など好みのアイテムを使うか、腕を伸ばし、指先を揃えて描いてもいいでしょう。

⭐ **方位**………北に向かってまじなうのがもっとも効果的。

魔法陣の中でこの方位を向いてから、用意したアイテムを手前に配置します。

⭐ **月相**………ベストなタイミングは満月、新月、上弦の時期。

241

✪　曜日………特に曜日は問いません。

❄　オプションのアイテム

　次のアイテムはセレモニーに彩りを添え、精神統一に役立ちますが、必需品ではないので手に入らなくても支障はありません。

✪　パワーストーン…このまじないにふさわしいのは白水晶。

　ほかに使いたい天然石があれば、魔法陣に着座してから手前に並べてください。

✪　香…………ジャスミンが好相性。

　香は魔法陣の中の安全なところに置きます。まじないの準備をしながら香りを楽しみたいなら、陣の外で焚き始めてもかまいません。

✪　音楽………クラシック、ニューエイジ、アコースティック系が
　　　　　　　お勧め。基本的に心地よく感じる曲であればOKです。

<月まじないのセレモニーを始める前に>
　・邪魔が入らないことを確認する
　・可能であれば、電話の電源を切る
　・音楽をかける（オプション）
　・照明を薄暗くする
　・手洗い／シャリー／入浴を済ませる
　・香を焚く（オプション）
　・必要なアイテムを揃えて手近に置く
　・魔法陣を描く

・ロウソクを灯す

・天の声が全身を流れるように祈る

＜誓いの言葉＞

※魔法陣の中で次の文章を朗読してから本番に入りましょう。

今夜、私は１つの祈願に全エネルギーを注ぎます。

その願いとは──（具体的に説明する）──です。

私は神通力を授かり、願いをかなえます。

パワーを授けてくださる天に感謝します。

心の中が天の導きで満たされますように。

天が最善の道を示してくれると確信し、その道を自信をもって前進
します。

どうか願いを成就させてください。

＜まじないの手順＞

１．声に出すか心の中で次のように唱えます。『天界の全知全能の
主に乞う。（以下、自分の願いごとを言う）。以上です。ありがとう
ございました』

２．続いて、次の文言を唱えます。

月よ、月よ、この願いを聞きたまえ

地に、水に、風に、火に、私は祈る

一度、三度、九度

祈願を成就させたまえ

3．最後に心の中で『ありがとうございました』『アーメン』などと唱えて閉式とします。
4．ロウソクの火を消し、魔法陣を解いてください。

白光の魔よけ

　5章で説明したとおり、月まじないを始める前は白い光をイメージして自分の身と魔法陣を守る必要があります。その原則に変わりはありませんが、白光にはほかにも使いみちがあります。悪い予感がするとき、特定の人やトラブルを牽制したいときにも試してください。牽制できるのは、命あるものだけではありません。例えば、良くない噂、不運、財産を失うことなど現在と未来の災いも遠ざけることができます。

　強力で効果の高いまじないですから、準備について少し詳しく説明しましょう。

　魔法陣を円形としたのは、円陣には払ったものを寄せつけない効果があるからです。円は邪気が再び侵入するのを防いでくれます。

　まじなう方位を東にしたのは、東から来る波動は新たなスタートやパワーの増強を促すからです。東は朝日が昇り、闇を払う方位でもあります。

❄　必要なアイテムと準備

　魔法陣（下記参照）を描くためのアイテムは自由に選んでください。

★ ロウソク…白のロウソクを３本用意。
魔法陣に着座してから手前に並べます。

★ 魔法陣……最適な陣は円形。
　月まじないのセレモニーは、魔よけとなる円形の魔法陣を描くことから始まります。三角形や正方形の陣を併用する場合は円陣を描いてから、その内側に描いてください。
　詳しい説明は５章にあります。杖、ナイフ、塩など好みのアイテムを使うか、腕を伸ばし、指先を揃えて描いてもいいでしょう。

★ 方位………東に向かってまじなうのがもっとも効果的。
　魔法陣の中でこの方位を向いてから、用意したアイテムを手前に配置します。

★ 月相………ベストなタイミングは下弦か晦の時期。
邪気を弱めるのに最適です。

★ 曜日………特に曜日は問いません。

※ オプションのアイテム
　次のアイテムはセレモニーに彩りを添え、精神統一に役立ちますが、必需品ではないので手に入らなくても支障はありません。

★ パワーストーン…このまじないにふさわしいのはオブシディアン。

ほかに使いたい天然石があれば、魔法陣に着座してから手前に並べてください。

★ 香…………フランキンセンス（乳香）が好相性。
　香は魔法陣の中の安全なところに置きます。まじないの準備をしながら香りを楽しみたいなら、陣の外で焚き始めてもかまいません。

★ 音楽………クラシック、ニューエイジ、アコースティック系がお勧め。基本的に心地よく感じる曲であればOKです。

<月まじないのセレモニーを始める前に>
　・邪魔が入らないことを確認する
　・可能であれば、電話の電源を切る
　・音楽をかける（オプション）
　・照明を薄暗くする
　・手洗い／シャワー／入浴を済ませる
　・香を焚く（オプション）
　・必要なアイテムを揃えて手近に置く
　・魔法陣を描く
　・ロウソクを灯す
　・天の声が全身を流れるように祈る

<まじないの手順>
１.　魔法陣に着座し、白光の輪が陣を囲んで立ちのぼる光景をイメージします。その輪が天井を突き抜け、上空に達し、宇宙の果てへと昇っていく様子を思い描いてください。光の輪のイ

メージをしばし頭の中にとどめます。あとはリラックスして、光の輪が自然に消滅する映像をイメージしましょう。輪が消えても白光の効力は残ります。

2．次の文言を唱えます。

　　この光のバリアを身にまとう
　　邪念や災いはもう私に近づけない
　　私の魂を傷つけ、むしばむこともできない
　　この光を武器とし、心の平和を実現する

3．最後に心の中で『ありがとうございました』『アーメン』などと唱えて閉式とします。

4．ロウソクの火を消し、魔法陣を解いてください。

5．この白光のセレモニーは週に1回のペースで実践しましょう。急なトラブルが発生し、救いが必要になったときは回数を増やしてください。

未来を照らすスポットライト

Lanterns of Light

月曜生まれは器量のよい子

火曜生まれは行儀のよい子

水曜生まれは嘆きの子

木曜生まれは旅する子

金曜生まれは優しい子

土曜生まれは汗水流して働く子

安息日に生まれた子は器量も頭も行儀も気立てもよい子

——作者不詳

Introduction

　月まじないにちなんで、自分の個性を深く理解するための占術を
紹介します。

　私はこうした占いを "未来を照らすスポットライト" と考えてい
ます。

　ここにまとめた情報は読んで楽しく興味深いものですが、各占術
の基本をごく簡単にまとめただけにすぎません。

　さらに詳しく研究すると、興味の幅も広がるでしょう。

　どの占術にも一度は目を通してください。

　目を閉じていたら、せっかくのスポットライトが役に立ちません
から。

第19章 十二支占い

　中国発祥の十二支は太陰暦（月暦）の12年周期を表す12種類の動物を指します。十二支占いでは、生まれ年による特徴や気質を12の動物になぞらえます。
　次の早見表で自分の十二支を確認しましょう。生まれ年の隣に書いてある動物が十二支にあたります。各動物の特徴は、その年に生まれた人の基本的な性格を示すとされます。
　また、十二支の右隣にあるのは"五行"と呼ばれる5種類のエレメント。五行を当てはめると、十二支は同じでも、生まれ年によっ

て違いが出てきます。例えば、1960年生まれは子（ねずみ）年で五行は金。1948年生まれも子年ですが、五行は土です。この2人には大きな共通点と微妙な違いがあることになります。

✸ 十二支の特徴

子（ねずみ）………魔性と知性

子年生まれは活動的。いつも忙しく立ち働いています。お金に対する姿勢が極端で、気前のよいときもあれば、倹約に徹するときもあるでしょう。カウチポテト族とは無縁で、冒険を好み、スリルを求めます。恋愛感情をコントロールすることに長けているものの、関係が進むと、かなりセクシーな一面をのぞかせるでしょう。

丑（うし）…………進取の気性と安定性

常識的で現実的。頑張りやの丑年生まれは目標を達成するまで努力を惜しみません。人を好きになるのに時間はかかりますが、好きになったら一途で相手にも忠誠心を求めます。

寅（とら）…………勇敢と守護

人望を集める寅年生まれは正義の味方。自分の世界を構築し、自分流を貫くことを好みます。浮気っぽいところがあり、精力も絶倫のようです。

卯（うさぎ）………慎みと家庭生活

とても温厚な性格です。デリケートな神経の持ち主なので、芸術分野で活躍することが多いでしょう。争いごとを好まない卯年生

まれは、男女ともにのんびりした人に引かれる傾向があります。

辰（たつ）…………幸運と強運

順応性があり、ほとんどのグループやTPOにすんなり溶け込めます。辰年の男女はよくモテます。かなり面食いですが、相手の知性に魅力を感じることも。

巳（へび）…………知恵とウィット

ミステリアスでつかみどころのない印象を与えます。お金の扱いが得意で、運の強さを感じさせるのも特徴です。巳年生まれの男女は人並み以上の容姿に恵まれ、恋人や結婚相手にはすべての点で平均以上を求めます。出世欲の強い人が多いでしょう。

午（うま）…………緻密さと熱意

友達が多く、ユーモアのセンスに恵まれています。向学心があり、覚えが速いのも午年生まれの強み。初対面の相手に対しても幼なじみのように接します。ふだんは堅実ですが、恋をすると理性を失うことも。惚れっぽく、晩婚の傾向があります。

未（ひつじ）………芸才とデリカシー

未年生まれは平和主義。むやみに波風を立てるのを嫌います。チームワークが得意なので、フリーランスよりは組織に属するほうが向いているでしょう。家庭を重んじ、独身よりも伴侶と生きることを選びます。情が深く、愛し愛されることを望みます。

申（さる）…………想像力と求心力

アイデア豊富で、人やモノを見る目は確かです。飽きっぽい性分なので恋多き男女になる傾向がありますが、いざ結婚に至れば、楽しく刺激的な伴侶になるでしょう。

酉（とり）…………自己顕示欲と自信

非常に几帳面で商才に長けています。目立ちたがりで遊び好き。良縁に恵まれると誠実なパートナーになりますが、それには時間がかかるかも。酉年生まれは鋭い舌鋒で恋人候補を遠ざけてしまうことがあるからです。誠実なので、浮気心を起こすことはまずありません。口が堅いのも美点です。

戌（いぬ）…………忠誠心と保護

大変な篤志家です。相手が友達であれ、赤の他人であれ、困っている人には手を差し伸べ、見返りを求めません。物欲がなく、愛する人を何よりも大切にします。運命の伴侶にめぐり合えば、良いときも悪いときもそばに寄り添うでしょう。

亥（いのしし）……素直さとバランス感覚

亥年生まれは美しいものに囲まれて暮らすことに喜びを感じます。贅沢を好み、贅沢を当然の権利と考え、苦労や努力の果実を存分に味わいます。サービス精神を発揮するかしないかは相手次第。友達には最高のもてなしをします。亥年の男女は欲求不満の状態に我慢できません。深い仲になると、相手を満足させることに喜びを覚え、献身的になります。

✿ 五行（エレメント）の特徴

金 metal

長所…………意志の強さ　話術に長ける　揺るぎない信念　活
　　　　　　　動的　エネルギッシュ　独立独行

短所…………強情　ときに分別や常識に欠ける

★アドバイス…肩の力を抜き、相手を理解するように努めてくだ
　　　　　　　さい。人の話に耳を傾けても不利にはなりません。
　　　　　　　かえって人望を集めます。

木 wood

長所…………創造力や芸才が豊か　高い道徳心　献身的　深い
　　　　　　　思いやり　冒険好き　勉強熱心

短所…………理想が高すぎる　消極的

★アドバイス…始めたことはやり遂げてください。一つの目標に
　　　　　　　専念すること。成果が出ないうちから、あれこれ
　　　　　　　手を広げてはいけません。

水 water

長所…………抜群の感受性　頭脳明晰　交渉上手　アメとムチ
　　　　　　　の使い分けが得意　相手の考えやニーズをつかめ
　　　　　　　ば"勝利"は確実

短所…………辛抱強さが裏目に出て、チャンスを逃すことがあ
　　　　　　　る

★アドバイス…感情に流されて判断力を鈍らせてはいけません。
　　　　　　　自分のためになることは、たいてい人のためにも

なります。少しわがままになるほうがマイナスよりもプラスに働くでしょう。

火　fire

　　長所…………指導力　人の上に立つのが得意　情熱的で積極的
　　　　　　　　自信にあふれる　高いコミュニケーション力
　　短所…………ときに身勝手　短気　他者への理解に欠ける
　　　　　　　　ワーカホリックの予備軍
　★アドバイス…心を落ち着けましょう。ときには立ち止まって寄
　　　　　　　　り道を楽しむことが大切です。そしてその激しい
　　　　　　　　情熱を仕事だけではなく、大切な人にも注いでく
　　　　　　　　ださい。

土　earth

　　長所…………哲学的　堅実　論理的　厚い信頼　地道な努力で
　　　　　　　　財を築く　野性的な色気を秘める
　　短所…………想像力の欠如　自分に厳しい　気持ちに余裕がな
　　　　　　　　い　創造性を発揮できない
　★アドバイス…もっと大胆になりましょう。"自分らしくない"
　　　　　　　　と感じることや予定外のことにもチャレンジする
　　　　　　　　こと。人に本音をぶつけるように努めてください。

第19章 十二支占い

十二支早見表

生まれ年	十二支	五行	生まれ年	十二支	五行	生まれ年	十二支	五行
1900	子	金	1936	子	火	1972	子	水
1901	丑	金	1937	丑	火	1973	丑	水
1902	寅	水	1938	寅	土	1974	寅	木
1903	卯	水	1939	卯	土	1975	卯	木
1904	辰	木	1940	辰	金	1976	辰	火
1905	巳	木	1941	巳	金	1977	巳	火
1906	午	火	1942	午	水	1978	午	土
1907	未	火	1943	未	水	1979	未	土
1908	申	土	1944	申	木	1980	申	金
1909	酉	土	1945	酉	木	1981	酉	金
1910	戌	金	1946	戌	火	1982	戌	水
1911	亥	金	1947	亥	火	1983	亥	水
1912	子	水	1948	子	土	1984	子	木
1913	丑	水	1949	丑	土	1985	丑	木
1914	寅	木	1950	寅	金	1986	寅	火
1915	卯	木	1951	卯	金	1987	卯	火
1916	辰	火	1952	辰	水	1988	辰	土
1917	巳	火	1953	巳	水	1989	巳	土
1918	午	土	1954	午	木	1990	午	金
1919	未	土	1955	未	木	1991	未	金
1920	申	金	1956	申	火	1992	申	水
1921	酉	金	1957	酉	火	1993	酉	水
1922	戌	水	1958	戌	土	1994	戌	木
1923	亥	水	1959	亥	土	1995	亥	木
1924	子	木	1960	子	金	1996	子	火
1925	丑	木	1961	丑	金	1997	丑	火
1926	寅	火	1962	寅	水	1998	寅	土
1927	卯	火	1963	卯	水	1999	卯	土
1928	辰	土	1964	辰	木	2000	辰	金
1929	巳	土	1965	巳	木	2001	巳	金
1930	午	金	1966	午	火	2002	午	水
1931	未	金	1967	未	火	2003	未	水
1932	申	水	1968	申	土	2004	申	木
1933	酉	水	1969	酉	土	2005	酉	木
1934	戌	木	1970	戌	金	2006	戌	火
1935	亥	木	1971	亥	金	2007	亥	火

257

十二支の相性

自分と波長の合う相手が分かります。

十二支	相性○	相性×
子（ねずみ）	辰と申	午
丑（うし）	巳と酉	未
寅（とら）	午と戌	申
卯（うさぎ）	未と亥	酉
辰（たつ）	申と子	戌
巳（へび）	酉と丑	亥
午（うま）	寅と戌	子
未（ひつじ）	亥と卯	丑
申（さる）	辰と子	寅
酉（とり）	巳と丑	卯
戌（いぬ）	午と寅	辰
亥（いのしし）	卯と未	巳

注：国や地域によって十二支の動物は異なるかもしれません。例えば、うしの代わりに水牛、うさぎの代わりに猫、ひつじの代わりに山羊、いのししの代わりに豚を用いるケースもあります。

第20章 数秘術

　数秘術は数字に秘められた意味を研究する分野です。数字にはそれぞれ波動があり、独自のメッセージや法則があるといわれています。数秘術の初歩としてもっとも一般的なのが、生年月日の数字を足して1桁になるまで計算し、自分の命運を導き出すというものです。その一桁の数字＝運命数（誕生数）には特別な意味があり、人生の指針やアドバイスを含んでいます。数秘術に注目すると、その的中率の高さに驚くでしょう。
　数秘術の役割は人生の方向性を示すだけでなく、何かを決めると

きの参考にもなります。例えば引っ越し先の候補は、番地ひとつで占えます。また名前や名称も鑑定できます。

数秘術の原理はすぐに覚えられますから、気づいたら数字を足すことが習慣になっているかもしれません。ホテルのルームナンバーから楽しい旅になるか、思わぬアクシデントに見舞われるかを予想することも可能です。日付や電話番号についても同様です。数秘術は楽しいですし、身近な場面ですぐに応用できます。もちろん（ほかの分野と同様に）プロになるには、時間をかけて数字の波動を研究しなければなりません。

✺　自分の運命数（誕生数）を知る

原則として、生年月日の数字を合計し、合計数の各桁を足して、最終的に1桁の数字にします。

この原則には例外があります。各桁を足した結果が11か22になった場合は、そのまま運命数とします。11と22は"マスターナンバー"ですから、1桁にする必要はありません。

まずは生年月日を年、月、日の順に足します。合計は4桁の数字になるはずです。その4桁の数字を足すと2桁になり、さらに2桁を足すと、最後は1桁の数字になります。それが運命数(誕生数)です。

例：メアリー・ジョーンズさんは1958年5月15日生まれ。数字を拾うと次のようになります。

　　　　生まれた年………1958

第20章　数秘術

生まれた月………　　　5
生まれた日………　　１５
年月日の合計……１９７８

合計の各桁を足すと――
　　１＋９＋７＋８＝25
さらに各桁を足すと――
　　２＋５＝７
メアリー・ジョーンズさんの運命数は７です。

例：ジョン・スミスさんは1963年１月29日生まれ。数字を拾うと次
　　のようになります。

生まれた年………１９６３
生まれた月………　　　１
生まれた日………　　２９
年月日の合計……１９９３

合計の各桁を足すと――
　　１＋９＋９＋３＝22

22はマスターナンバーなので、運命数は22。11と22は例外である
ことを忘れずに。ほかの２桁の数字は１桁になるまで計算してくだ
さい。

261

✿ 数字の意味合い

いずれも一般的な解釈です。

＜1＞ One
運命数の解釈…………1は"個"の象徴

　　先駆者や開拓者を表す数字です。この運命数の持ち主は人についていくよりも人を引っ張るほうが得意ですから、雇われるよりも起業するほうがうまくいくでしょう。独立独歩で、正直で、発明の才に恵まれています。一度始めた計画や事業を途中で投げ出すことはありません。

　　★プラスの意味………独立心　統一性　新たなスタート　統率
　　　　　　　　　　　　力　創造性　破天荒　会話上手
　　★マイナスの意味……怠慢　自己中心的　強引

＜2＞ Two
運命数の解釈…………2は"協力"の象徴

　　この運命数の人はチームプレーヤーで、公私共に1人で行動するのは苦手。地域活動にやりがいを感じ、どんなときでも見返りを求めることはありません。平和の使者であり、その善意と厚情で人望を集めます。人見知りをすることもありますが、1人で生きるよりもパートナーを求める気持ちが強い人です。

　　★プラスの意味………協調性　外向性　多面性　優しさ　親切
　　　　　　　　　　　　安定感　愛情　忍耐
　　★マイナスの意味……消極的　甘え下手　神経質

<3> Three

運命数の解釈⋯⋯⋯⋯3は"創造性"の象徴

この運命数の人は求心力があり、肉体労働よりも頭脳労働が得意です。作家、芸術家、ミュージシャンに向いています。一言で表現するなら"人情"と"感性"の人。周囲を幸せにし、モノづくりに熱心です。夢を追い、夢を実現する人でもあります。自然を愛し、万物に美を見出すことができる人でしょう。

★プラスの意味⋯⋯⋯⋯情熱　想像力　創造力　リーダーシップ
　　　　　　　　　　才気　陽気　官能的　影響力

★マイナスの意味⋯⋯⋯嫉妬深い　他者への過剰な期待

<4> Four

運命数の解釈⋯⋯⋯⋯4は"秩序"の象徴

この運命数の人は現実的、理論的で黙々と仕事をこなします。家庭的で無茶なことはしません。責任感の強さが身上で、周囲から何かと頼りにされます。ハプニングを好まず、物事を計画通りに進めたがるタイプ。頼もしい大黒柱であり、"堅実"を絵に描いたような人です。

★プラスの意味⋯⋯⋯⋯几帳面　質実剛健　生真面目　勤勉　真
　　　　　　　　　　摯　目配り　保護欲　安定感

★マイナスの意味⋯⋯⋯苦労性　短気　没個性　頑固

<5> Five

運命数の解釈⋯⋯⋯⋯5は"自由"の象徴

この運命数の人は変化を好み、人やモノに縛られることを嫌います。冒険心にあふれ、チャレンジ精神が旺盛。社交性や向

学心もあります。友達をつくるのが早く、進取の気性に富みます。じっとしていられない性分で、常に刺激を求めて行動します。

★プラスの意味………臨機応変　多才　エネルギッシュ　独創性　行動力　型破り

★マイナスの意味……奔放　無責任　落ち着きに欠ける

＜6＞ *Six*

運命数の解釈…………6は"調和"の象徴

この運命数の人は芸才に恵まれ、家族や友達を大切にします。気前がよく、施されるよりも施すほうが好き。責任感が強く、奉仕の精神にあふれています。自分がもっているものを人と分かち合い、一緒に楽しむことが性に合っています。単独行動よりもグループ行動を好むでしょう。

★プラスの意味………責任感　美的感覚　自然体　思いやり社交的　安定感

★マイナスの意味……高慢　過干渉　強情

＜7＞ *Seven*

運命数の解釈…………7は"理解"の象徴

この運命数の人は非常に利発で知識欲が旺盛。孤独を苦にせず、物思いにふけることを好みます。精神世界や超常現象に心引かれ、スピリチュアルな世界を追究することがライフワークのひとつになるかもしれません。ときに誤解を受け、変人扱いされることも。

★プラスの意味………思慮深い　向学心　プロ意識　教示　助言　知性

★マイナスの意味……怠惰　冷淡　空想癖　執着

< 8 > *Eight*

運命数の解釈…………8は"権力"の象徴

　この運命数の人は有能で出世するタイプです。処世術に長け、それを駆使して欲しいものを手に入れます。バランス感覚が身につけば、欲を出さなくても望みはかなうでしょう。何ごとも徹底しないと気がすまず、中途半端を嫌います。スピーチが得意でコミュニケーション上手。話術に加えて文才もあります。

★プラスの意味………商才　蓄財　野心　慈善　精神世界　有能

★マイナスの意味……無謀　偏狭　厳格すぎる

< 9 > *Nine*

運命数の解釈…………9は"完結"の象徴

　この運命数の人は思いやり、優しさ、愛情、デリカシーにあふれています。人を教え導く職業に向いているでしょう。直感が鋭いので、自分の勘や心の声に従うのが得策。知識や知恵を人に授けることに喜びを感じます。過ぎたことは水に流す性分で、小事にとらわれない生き方をする人です。

★プラスの意味………直観力　充足　温和　創造性　才気

★マイナスの意味……移り気　ときに自己中心的　引っ込み思案

< 11 > *Eleven*

運命数の解釈…………マスターナンバーの11は"啓蒙"の象徴

265

この運命数の持ち主はオピニオンリーダーになり、世の中を変えることができる人。哲学的でカリスマ性があり、その気になれば、芸術家から政治家まで何にでもなれるでしょう。無限の可能性を秘め、人を啓発する力があります。やることなすことに注目が集まり、手本にする人も出てきますから、日ごろの言動に注意してください。

★プラスの意味⋯⋯⋯才気　先見性　影響力

★マイナスの意味⋯⋯自信過剰　猜疑心　冷酷

< 22 >　*Twenty-two*

運命数の解釈⋯⋯⋯⋯マスターナンバーの22は"自己実現"の象徴

この運命数の人は職種を問わず一流になれます。その才能を世のため人のために生かし、スケールの大きな仕事をしてください。地元の中小企業よりも国際的な大企業、感謝状よりもピューリッツア賞が似合う人。活躍の舞台は世界です。

★プラスの意味⋯⋯⋯リーダーシップ　先見性　達成力　社会貢献

★マイナスの意味⋯⋯虚栄心　過度の緊張　無神経

✪　自宅の番地から占う

数秘術では次のようなことも楽しく簡単に占えます。

自宅の番地——例えば、エルム通り438番地だったら、4＋3＋8＝15。さらに各桁を足して、1＋5＝6とします。最終的な1桁の数字は6ですから、【運命数の解釈】の6の項目を参考にしてください。現在（または未来）の住まいの印象を言い当てているかもし

れません。

　滞在先のルームナンバー──91号室だったら、9＋1＝10、1＋0＝1ですから、1の項目を見ます。どんな旅になるのか予測できるでしょう。

　ルームナンバーが1桁の場合、例えば3号室だったら、ダイレクトに3の項目を見てください。

✪　自分の名前から占う

　自分の名前（アルファベット表記）を数秘術で占う場合は、次の表でアルファベットを数字に置き換えます。必ず出生証明書どおりの本名で占うこと。ふだんは別名を使っていても、本名で占いましょう。養子縁組などで改姓した人は、旧姓が分かれば、旧姓で占います。

　出生証明書どおりのフルネームはもっとも強い波動を発します。あだ名、芸名、配偶者の姓、"Jr.（ジュニア）"などは使えません。

　バーバラ・J・ビショップは数秘術に関する自著の中で、「Jr.は呼称に過ぎず、鑑定の対象にならない」と語り、社名については"株式会社""有限会社"といった部分を含めないようにアドバイスしています。

アルファベットと数字の対応表

1	2	3	4	5	6	7	8	9
A	B	C	D	E	F	G	H	I
J	K	L	M	N	O	P	Q	R
S	T	U	V	W	X	Y	Z	

アルファベットを数字に置き換え、運命数を割り出すときと同じ要領で計算してください。

例：キャロル・マリー・ジョンソン（Carol Marie Johnson）の場合

　CAROL MARIE JOHNSON
→31963 41995 1685165

　31963＋41995＋1685165＝82
各桁を足して1桁になるまで計算すると、
　8＋2＝10
　1＋0＝1
結果は1です。

第21章　西洋占星術

　信じる、信じないは別としても、占星術に触れたことのない人はまずいないでしょう。日々の星占いは新聞、ウェブサイト、カレンダー、マグカップ等々、想像のつくところにはたいてい載っています。占星術を信じない人でも自分の星座を聞かれたら、たぶん答えられるはず。たとえ答えられなくても、星座による占いがあることは知っているでしょう。"今日の星占い""12星座"といった言葉も初耳ではないはずです。

　東洋の占星術が月を中心に鑑定するのに対し、西洋の占星術は太

陽を中心に考え、人の気質や個性を星座をとおして表現します。

　本章では、西洋占星術の基本知識や各星座の大まかな特徴を参考程度に紹介します。占星術は奥が深く、その道のプロになるには何年も勉強しないと全容を理解することはできません。

　西洋占星術に用いる星座は12あり、いずれも支配星が決まっています。太陽星座によって、その星の下に生まれた人の特徴が分かります。誕生日から自分の星座を割り出し、その特徴を探りましょう。各星座の誕生日の期間は占いによって異なる場合がありますが、おおむねここに記したとおりです。また、12星座に関連する4つのエレメントは各星座の別の一面を表します。

　西洋占星術にまつわる情報は、ほかでも簡単に入手できるはずですから、ここでは詳しく取り上げません。

✺　12星座の特徴

牡羊座　＜3月21日〜4月20日＞

　　　支配星………火星

　　　エレメント…火

　　　特徴…………抜群の実行力

　　　★臨機応変で太っ腹。気性が激しいので、あまり頑固にならないように注意し、感情のコントロールを学んだほうがよさそうです。クリエイティブな才能に恵まれ、人についていくよりも人を引っ張るほうが得意。指導者としてすぐれています。

牡牛座　＜4月21日〜5月20日＞

支配星………金星

エレメント…土

特徴…………**自制心と一貫した行動力**

　★良き伴侶、良き親になるでしょう。努力家でめったに病気をしません。裏表のない人柄で、つき合いやすい人。温厚で堅実な平和主義者です。

双子座　＜5月21日〜6月20日＞

支配星………水星

エレメント…風

特徴…………**チャーミングで聡明、熱くてクール**

　★はっきりした二面性があり、変化を好みます。コミュニケーション能力にすぐれ、周囲に対立が起きたときは双方の言い分を考慮して判断を下します。察しが良く、勘が鋭いのも特徴。

蟹座　＜6月21日〜7月20日＞

支配星………月

エレメント…水

特徴…………**繊細で心優しい**

　★直感力にすぐれ愛情豊かですが、大切な人を思うあまりに気苦労をしがち。双子座同様に二面性があり、人前で注目を集めたかと思えば、次の瞬間には1人で山にこもってしまうような側面があります。

獅子座　＜7月21日～8月20日＞

支配星‥‥‥‥太陽

エレメント…火

特徴‥‥‥‥‥天性のリーダー

★権力を求め、権力の座に心地よさを感じます。とても大らかですが、罪を簡単に許し、簡単に忘れる傾向があります。ときには謙虚になることも必要でしょう。人に施しても、見返りを求めることはめったにありません。

乙女座　＜8月21日～9月20日＞

支配星‥‥‥‥水星

エレメント…土

特徴‥‥‥‥‥知的で教養を重んじる

★ほかの星座に比べて情に流されることが少なく、自分にも他人にも厳しすぎる一面があります。話術にすぐれ、努力を惜しみません。理論派で完全主義者ですが、気を許すと子供っぽい一面をのぞかせることも。

天秤座　＜9月21日～10月20日＞

支配星‥‥‥‥金星

エレメント…風

特徴‥‥‥‥‥一緒にいて楽しい人

★美をいつくしみ、チームワークに喜びを感じます。天秤座の課題は、心の天秤のバランスを保つこと。人と関わることで本領を発揮できます。良縁に恵まれると、相手を一途に愛します。

蠍座　＜10月21日〜11月20日＞

　　　支配星………冥王星（副支配星は火星）

　　　エレメント…水

　　　特徴…………原動力は強い情熱

　　　★人にもモノにも熱中し、恋愛になると理性を失いがち。誘惑に弱い傾向があります。凝り性で求心力があり、人を飽きさせない人です。

射手座　＜11月21日〜12月20日＞

　　　支配星………木星

　　　エレメント…火

　　　特徴…………哲学的な一面をもつ

　　　★結婚相手やビジネスパートナーとしても独特の存在感があります。冒険好きで楽天家。誰に対しても絶妙なアドバイスを提供できます。親切でエネルギッシュで機転が利く人です。

山羊座　＜12月21日〜1月20日＞

　　　支配星………土星

　　　エレメント…土

　　　特徴…………12星座のなかで、いちばんの努力家

　　　★独立心旺盛で、情が深く、誠実です。魅力的な容姿で人を引きつけますが、恋愛には慎重。山羊座といえば成功者。初心貫徹で夢を実現します。

水瓶座　＜１月21日～２月20日＞

　　支配星………天王星

　　エレメント…風

　　特徴…………多芸多才で名声を得ることが多い

　　★人の言うことよりも自分の心に耳を傾けることが最高の結
　　　果につながるでしょう。直感が鋭く、先見の明があります。
　　　言動は派手ではなく、わがままを通すこともありません。
　　　無欲で控えめですが、ときとして近寄りがたい印象を与え
　　　ることも。

魚座　＜２月21日～３月20日＞

　　支配星………海王星（副支配星は木星）

　　エレメント…水

　　特徴…………社交的な人情家

　　★情にもろく、感傷的で、ロマンチックなところが人気を集
　　　めます。決断が苦手で、優柔不断な自分を情けなく感じる
　　　ことも。暗闇にスポットを当てるのが得意で、友人として
　　　頼りになります。

❀　４つのエレメントの特徴

火（牡羊座　獅子座　射手座）……陽気でエネルギッシュ
土（牡牛座　乙女座　山羊座）……地に足のついた常識人
風（双子座　天秤座　水瓶座）……判断が的確で思慮深い
水（蟹座　蠍座　魚座）…………情にもろく感性豊かで繊細

注：念を押しますが、十二支占い、数秘術、西洋占星術に関する本書の記述は、基本事項だけを簡単にまとめたものにすぎません。さらに研究したい人は詳しい情報源にあたることをお勧めします。

★……おわりに……★

　月のパワーにアクセスし、月相に精通すると、月の恵みを日常に生かせるようになります。
　月まじないを通じて願いを放つことは自分の志を粛々と行動に移すこと。月まじないのセレモニーは心のコンディションを整え、夢の実現に向かう第一歩になります。人知を超えた世界が存在することを理解できる人なら、願いはきっと通じます。私自身や同好の仲間が証人です。
　自動車王のヘンリー・フォードは言いました。
　「できると思えばそのとおりになる。できると思わなければ、やはりそのとおりになる！」

■著者紹介
ダイアン・アールクイスト
第三世代のサイキック。著書に『White Light: The Complete Guide to Spells and Rituals for Psychic Protection』など。『ブレア・ウィッチ・プロジェクト完全調書』（アーティストハウス 刊）や未解決事件を扱ったアメリカのテレビ番組『Unsolved Mysteries』でコンサルタントを務め、私立探偵や警察当局への協力も多数。米フロリダ州エングルウッド在住。

■訳者紹介
永井二菜（ながい・にな）
主な訳書に『人生を変える、お金の授業』（PHP出版）、『こんな男とつきあってはいけない』（アスペクト）、『イベントトレーディング入門』『もう一度ベストカップルを始めよう』『1分間マネジャーの時間管理』『アニマルスピーク』『抱けるナンパ術』（パンローリング）、『夫婦仲の経済学』『社会を動かす、世界を変える 社会貢献したい人のためのツイッターの上手な活用法』（CCCメディアハウス）など。書籍のほかに映像翻訳、海外タレントのインタビュー等を担当。東京都在住。

2016年 7 月 3 日 初版第 1 刷発行

フェニックスシリーズ ㉞

月と幸せ
──ムーンスペルズ

著　者　ダイアン・アールクイスト
訳　者　永井二菜
発行者　後藤康徳
発行所　パンローリング株式会社
　　　　〒160-0023　東京都新宿区西新宿7-9-18-6F
　　　　TEL 03-5386-7391　FAX 03-5386-7393
　　　　http://www.panrolling.com/
　　　　E-mail　info@panrolling.com
装　丁　パンローリング装丁室
印刷·製本　株式会社シナノ

ISBN978-4-7759-4153-9
落丁·乱丁本はお取り替えします。
また、本書の全部、または一部を複写·複製·転訳載、および磁気·光記録媒体に
入力することなどは、著作権法上の例外を除き禁じられています。

©Nina Nagai 2016　Printed in Japan

スコット・カニンガム シリーズ

願いを叶える 魔法のハーブ事典

ISBN 9784775941294　384ページ
定価：本体価格 1,800円＋税

世界各地で言い伝えられているハーブの「おまじない」やハーブを魔法で使うときに必要な情報を網羅。
ハーブの魔法についてさらに知識を深めたい方に最適の一冊。

◆ まわりに埋めると豊かになれるバーベイン
◆ 持ち歩くと異性を惹きつけるオリス根
◆ 予知夢を見られるローズバッドティー
など、400種類以上のハーブをご紹介。

魔女の教科書
自然のパワーで幸せを呼ぶ
ウイッカの魔法入門

ISBN 9784775941362　168ページ
定価：本体価格 1,500円＋税

ずっと昔から伝えられてきた「幸せの魔法」

ウイッカ（自然のパワーに対する畏敬の念を柱とした信仰そのもの、そしてそのパワーを実際に使う男女）の基礎となる知識を紹介。本書で基礎を学んだら、自分自身で魔法を作り出してみてください。自分やまわりの幸せを願って魔法を使えば、人生を好転させ、荒廃したこの世界にポジティブなエネルギーをもたらす存在となれるでしょう。

願いを叶える 魔法の香り事典

ISBN 9784775941515　309ページ
定価：本体価格 1,800円＋税

古代から受け継がれたレシピをひも解き、ハーブの香りを使って、人生をより豊かにする技を掲載。あらゆるシーンに役立つレシピを惜しみなく紹介した、香り完全ガイド

◆愛と美貌を手に入れたいなら、「アフロディテ（愛と美の女神）のインセンス」を作る
◆すぐにお金が欲しいなら、パチョリ、シダーウッド、ジンジャーなどのオイルをブレンド

など、300種類以上のレシピをご紹介。

願いを叶える 魔法のパワーアイテム事典
113のパワーストーンと16のメタルが生み出す地球の力

ISBN 9784775941522　312ページ
定価：本体価格 1,800円＋税

第4弾は自然に存在する石や金属に関するもの。

パワーストーンとメタルそれぞれ解説にとどまらず、組み合わせによる効能についても考察。石や金属を身に着けると、それは私たちの潜在意識にはたらきかけパワーを注ぎ込みます。そして気がつけば物事が好転している！ 望んだことが実現している！ この変化が魔法です。

好評発売中

カルペパー ハーブ事典

ニコラス・カルペパー【著】
ISBN 9784775941508　672ページ
定価：本体価格 3,000円＋税

『THE COMPLETE HERBAL』
ニコラス・カルペパー 伝説の書
ついに初邦訳!!

ハーブ、アロマ、占星術、各分野で待望の歴史的書物。ハーブの特徴・支配惑星をイラストと共に紹介。

付録として前著であるEnglsh Physician（一部抜粋）も加え、全672ページ、全ハーブタイトル数329種の大ボリュームで登場。

アニマルスピーク

守護動物「トーテム」のメッセージで
目覚める本当のあなた

テッド・アンドリューズ【著】
ISBN 9784775941249　320ページ
定価：本体価格 1,800円＋税

悩み、壁に立ち向かうためのスピリットガイド。守護動物を見つけるには？

◆ 昔から気になっている動物は？
◆ 動物園に行ったらいちばんに見たい動物は？
◆ 屋外でよく見かける動物は？
◆ いちばん興味のある動物は？
◆ 自分にとって、いちばん怖い動物は？
◆ 動物に噛まれたり、襲われたりした経験は？
◆ 動物の夢を見ることはあるか？